D1344055

# ELLEN
## DEGENERES

Sérieusement... je plaisante !

# ELLEN DEGENERES

## Sérieusement... je plaisante!

*Traduit de l'anglais par*
Louis Letendre

OCTAVE ÉDITIONS

Titre original : *Seriously... I'm kidding*

*Grand Central Publishing*
*Hachette Book Group*
*237 Park Avenue*
*New York, NY 10017*

Infographie : Michel Laverdière

Photo de la couverture : © Michael Rozman & Warner Bros

Copyright © 2011, Crazy Monkey, Inc.

Illustrations : © 2011, Ross McDonald

Copyright © 2012, Éditions Octave Inc.
*pour la traduction française*

Tous droits de traduction, de reproduction
et d'adaptation réservés pour tous pays.

ISBN : 978-2-923717-55-5

Dépôt légal : Bibliothèque et Archives nationales du Québec, 2012
Bibliothèque et Archives Canada, 2012

Site Internet : www.editionsoctave.com

Imprimé au Canada

*À tous mes fans.*

*Sans blague.*

*Merci de votre soutien. Sérieusement… je ne plaisante pas.*

# Remerciements

J'ai eu du mal à décider comment j'allais lister pour mieux les remercier toutes les personnes importantes dans ma vie. Je pensais d'abord les énumérer par ordre alphabétique, mais ç'aurait été injuste envers Catherine Zeta-Jones. Puis j'ai eu l'idée de les ranger par ordre de grandeur, du plus petit au plus grand, ou du plus mince au plus pesant, mais ça n'allait pas non plus. J'ai donc décidé de nommer tout le monde en commençant par le plus intelligent jusqu'au plus imbécile. Non, c'est faux. Cette liste ne suit aucun ordre particulier. Ce n'est pas parce que quelqu'un apparaît en premier qu'il est le plus important. Cela ne veut pas dire non plus qu'il n'est pas le plus important. Je les remercie tous.

Donc, sans ordre particulier, je tiens à remercier :

Mon père, ma mère, mon frère, Craig Peralta, Eddy Yablans, Esther Newberg, Deb Futter, Eric Gold, Caryn Weingarten, Harley Neuman, Kevin Yorn, Hilary Estey McLoughlin, David McGuire, Ed Glavin, Mary Connelly, Andy Lassner, Lauren Pomerantz, Kevin Leman, Jason Gelles et tous les scripteurs de mon émission de télé.

Bien que j'aie dit plus tôt que cette liste ne suivait aucun ordre particulier, il y a une personne qui est la plus importante dans ma vie : mon épouse, Portia.

Merci.

# Un mot de l'auteure

≫∿ ∿≪

Très cher lecteur,

Allô ! Comment allez-vous ? Tant mieux. Écoutez, je tenais à vous remercier d'avoir acheté ce livre. Nous sommes sur le point d'entreprendre un beau voyage ensemble – un voyage absolument unique. Je sais que beaucoup de gens regardent mon émission de télévision, mais communiquer à la télé et communiquer dans un livre sont deux choses très différentes. Par exemple, à la télé, je vous raconte chaque jour ce qui arrive dans ma vie et ce qui me passe par la tête. Or, dans ce livre, je vais vous raconter ce qui arrive dans ma vie et ce qui me passe par la tête – mais bon, je ne veux pas vous embêter avec des comparaisons idiotes.

Je suppose que plusieurs d'entre vous sont en train de se demander : Ellen (ou E. pour les intimes) pourquoi faire un autre livre quand tu as déjà prouvé ta valeur en écrivant deux livres qui eurent un succès fou ? Eh bien, à vrai dire, il est arrivé beaucoup de choses dans ma vie depuis que j'ai écrit mon dernier livre. Je me suis mariée. J'ai décroché ma propre émission de télé. J'ai ouvert ma propre maison de disques. Je suis devenue cover-girl. J'ai joué Doris dans *Le Monde de Nemo*. J'ai remporté un Oscar[*]. J'ai gagné le marathon de Boston[**]. J'ai commencé à composter[***]. Enfin la reine d'Angleterre m'a faite Chevalière[****].

J'ai vécu des expériences inoubliables ces dernières années et j'ai beaucoup à partager. J'espère donc que vous allez prendre un moment pour vous caler dans un fauteuil, vous détendre et goûter les mots que j'ai rassemblés pour vous dans ce livre. Vous allez voir que j'ai remué ciel et terre, j'ai cogné à toutes les portes, brisé ma part de fenêtres et passé l'aspirateur dans toutes les pièces. Enfin, bref : commençons, voulez-vous ?

[*] La nouvelle n'était pas confirmée au moment de mettre sous presse.

[**] Impossible de confirmer la position d'arrivée ou même la participation de l'auteure au moment de mettre sous presse.

[***] Dans la cour du voisin. Ne dites rien.

[****] Au moment de mettre sous presse, j'ai appris que cela ne pourrait jamais m'arriver en aucune circonstance. Mais vous savez ce qu'on dit, cher lecteur, et c'est d'ailleurs une importante leçon de vie : Il ne faut jamais dire jamais[†].

[†] J'ai d'ailleurs mentionné ce « jamais dire jamais » au monsieur très british à qui j'ai parlé au téléphone. Il m'a répondu que dans ce cas précis, on pouvait effectivement dire « jamais », parce que cela ne pourrait jamais se produire étant donné que je ne suis pas citoyenne britannique. Donc, rien de confirmé au moment de mettre sous presse.

*Sérieusement... je plaisante !*

# Écrire ce livre

〜〜

Depuis que j'ai décidé d'écrire ce livre, il y a un an environ, les gens me demandent souvent où je trouve le temps et surtout pourquoi j'ai voulu le faire. La vérité, c'est qu'en juin dernier, je roulais dans un tunnel en voiture tout en parlant au téléphone avec mon agent et la communication était très mauvaise. J'ai donc dit, avant de raccrocher : « Y a de la friture. Je te rappelle tout à l'heure. » Mais mon agent a cru entendre : « J'ai repris l'écriture. Appelle mon éditeur. »

Le temps de comprendre qu'il s'agissait d'un malheureux malentendu, j'avais déjà signé un tas de papiers (qui se donne la peine de lire tous ces mots ?!) et je m'étais engagée par contrat à écrire ce livre. De la même manière, il y a quelques années, j'ai dit à mon agent : « Il faudrait que je récure mes casseroles » et il a cru que j'avais dit : « Je voudrais être juge sur *American Idol.* » Depuis ce temps, j'ai acheté un nouveau téléphone. Et j'ai appris que mon agent s'appelle Marvin, et non Blarvin.

En vérité, je suis très heureuse d'avoir décidé d'écrire ce livre. J'adore écrire et j'ai vraiment l'impression d'avoir appris un tas de trucs sur la Vie, l'Amour et autres mots à Majuscules depuis que j'ai écrit mon dernier livre.

Il se trouve qu'écrire un livre est une tâche ardue. Pas aussi ardue que travailler dans une mine de charbon ou apprendre à conduire à des adolescents, je sais bien. Mais quand même. Je ne pensais pas que ce serait si dur parce que j'ai l'habitude de la télé où je passe une heure chaque jour à parler sans discontinuer. Et puis, j'ai déjà écrit d'autres livres – deux sous le nom d'Ellen et des dizaines d'autres sous mon nom de plume, Danielle Steel.

La première fois que je me suis assise pour écrire, je fixais la page blanche en cherchant à établir une sorte de stratégie pour me faire démarrer. Quand je veux qu'un invité à mon émission se mette à parler et nous raconte une bonne histoire, je lui pose des questions. Alors je me suis posé le genre de questions qu'on pose à un invité, par exemple : « Quand es-tu tombée amoureuse de Tim McGraw ? »

Je n'étais pas plus avancée et je me suis vite rendu compte que je devrais éviter de me poser le genre de questions qui s'adressent spécifiquement à Faith Hill.

Alors j'ai formulé la chose différemment : « Comment as-tu réagi quand on t'a offert le rôle de *Precious* ? »

Ce n'était pas mieux.

Puis j'ai pensé à vous, cher lecteur, cher lectrice. Qui êtes vous ? Que faites-vous ? Que portez-vous ? (Si ce n'est pas indiscret.) J'ai cru qu'il serait utile de me mettre à votre place pendant un moment. Il est toujours bon de penser aux autres au lieu de penser toujours rien qu'à soi-même. Par exemple, si vous voulez savoir ce que je fais à l'instant même, je suis toute décapotée en route vers le boulot. Le toit de ma voiture décapotable est baissé. Je porte un béret – je pense mieux avec un béret et j'ai l'impression d'être une Française. C'est la raison pour laquelle je fais semblant de fumer une paille, et c'est sans doute aussi pourquoi un autobus rempli de touristes s'est arrêté pour me regarder.

Donc, quel sujet souhaiteriez-vous me voir aborder ? Je me le demande… Peut-être aimeriez-vous entendre parler de quelques-uns des hauts faits de ma vie et de ma carrière, mais comment savoir si les choses que vous trouvez excitantes sont aussi le genre de choses qui m'excitent ? Par exemple, il y a quelques années, j'ai appelé la compagnie émettrice de ma carte de crédit et j'ai réussi à faire annuler des frais de retard que j'étais sûre de ne pas pouvoir faire annuler. C'est un moment vraiment très important pour moi parce que vous savez comment les agents du service à la clientèle peuvent être désagréables quand ils veulent… Mais je ne sais pas si cela représente le genre de hauts faits dont vous aimeriez m'entendre parler.

J'ai passé en revue certains des moments les plus importants de ma vie et maintenant je sais ce que je dois faire. Puisque je ne connais rien de précis sur aucun de vous, si ce n'est que plusieurs des femmes sont sans doute des brunes, j'ai décidé de faire plaisir à tout le monde dans ce livre. Vous y trouverez donc quelques brefs récits pour les adultes ainsi que des pages à colorier pour les enfants et plein de trucs entre les deux pour un public de tous les âges. Vous y trouverez aussi des outils de croissance personnelle, quelques recommandations médicales (venant de quelqu'un qui ne possède ni les connaissances ni l'autorité requises pour offrir des recommandations médicales), des conseils nutritionnels, et vous pourriez même apprendre à être plus heureux dans votre vie de tous les jours. C'est ce que je vous souhaite.

## ADDENDA

Il y a des choses que je voulais inclure dans ce livre mais que j'ai décidé de garder plutôt pour mes mémoires. Voici donc une liste de sujets qui n'ont pas été abordés dans ce livre :

- Les détails de ma longue liaison avec Javier Bardem.
- Ma jeunesse passée dans un centre de détention pour mineures.
- Mon début de carrière en tant que pionnière du disco.
- Mon rôle dans le scandale du play-back de Milli Vanilli au début des années 1990.
- Ma demi-sœur récemment découverte.
- La vidéo porno qui a filtré dans les médias.

# Cover-girl

∽ ≈

*La beauté est dans l'œil de celui qui regarde.*
*La beauté est un voile éphémère.*
*La beauté n'a rien à voir avec le visage ;*
*c'est une lumière qui éclaire le cœur.*

Durant toute ma vie, j'ai partagé ces sentiments. J'ai cru que la véritable beauté n'a rien à voir avec la couleur des cheveux ou des yeux. La véritable beauté se reconnaît davantage à la qualité de l'être humain, de ses valeurs et de son sens moral. Et puis, en 2008, j'ai enfin pu jeter toutes ces fadaises par la fenêtre quand on m'a choisie pour être le nouveau visage des produits de beauté *CoverGirl* ! Mets-toi ça dans l'œil , Jojo ! Regardez-moi ces pommettes ! Une vraie reine de beauté ! (C'est le moment où, éblouie par les flashs, je devrais tourner la tête de part et d'autre tout en gardant la pose comme une véritable top-modèle. Mais il était apparemment « trop dispendieux » et « pas possible » d'incorporer des mini-flashs dans chaque livre, alors vous devrez vous contenter d'imaginer la scène. Je suis désolée.)

En fait, je crois encore qu'au-delà de l'apparence physique, il est plus important d'être belle à l'intérieur – d'avoir un grand cœur, l'esprit ouvert et la rate resplendissante. (En réalité, les entrailles de la plupart des gens sont carrément dégueulasses. Mêmes les belles personnes ont de très laides entrailles. Avez-vous déjà regardé une opération à la télé ? Pas joli, joli.)

Pour moi, la beauté consiste à être bien dans sa peau. C'est connaître et accepter qui l'on est. Je suis contente d'être qui je suis. J'ai confiance en moi, j'ai toujours été franche et honnête et je crois que c'est la raison pour laquelle je suis devenue la première cover-girl de cinquante ans qui affiche ouvertement son homosexualité. Le fait que j'ai les yeux d'un bleu à faire rêver n'est qu'un avantage supplémentaire.

La société dans laquelle nous vivons est véritablement obsédée par l'apparence physique. Je m'en suis rendu compte récemment quand je me suis vue dans l'un de ces miroirs qui vous grossit le visage jusqu'à cinq cent fois le format normal. Ils les vendent chez *Bed Bath & Beyond* dans l'allée des « machins-à-donner-le-cafard ». Vous les trouverez juste à côté des balances pour la salle de bains, perchés sur une des étagères du haut que vous êtes trop petite pour atteindre. Je suis sûre que vous vous êtes toutes déjà regardées dans l'un de ces miroirs. D'un côté, c'est une glace tout à fait normale. Mais quand vous regardez de l'autre côté, votre visage ressemble à la surface de la lune.

Portia et moi en avons installé un dans la douche. Je ne m'y vois jamais parce que d'ordinaire j'ai la vue bloquée par la personne qui me lave. Mais pour une raison quelconque, j'ai vu mon reflet l'autre jour. Ouf, quelle horrible invention ! Qui a inventé ce truc et pourquoi n'est-il pas en prison ? Il devrait y avoir une mise en garde comme sur les rétroviseurs des autos : « Les objets sont plus près qu'ils ne le paraissent. » Sur les miroirs grossissants, on devrait lire : « Les objets sont moins laids qu'ils ne le paraissent. »

Ils vous montrent des choses dont vous ne saviez pas qu'elles existaient, des choses qu'on ne peut pas voir à l'œil nu. J'ai vu jusqu'à la racine de mes cheveux et j'ai trouvé une famille de colombes qui y avaient fait leur nid. J'étais sous le choc ! Il n'y a que les chirurgiens et les joailliers qui ont besoin d'y voir d'aussi près. Personne d'autre. Personne ne vous verra jamais comme vous vous êtes vue dans l'un de ces miroirs, à moins que vous ayez épousé un chirurgien ou un joaillier et qu'il ait encore ses loupes devant les yeux en rentrant. « Chérie, c'est moi ! Oh, mon Dieu, tes pores sont énormes ! »

Je ne sais pas pourquoi il nous vient même à l'idée d'y regarder. Ils ne sont pas fidèles du tout. Ils soulignent tous nos petits défauts. Qui a besoin d'un truc pareil ? Nos mères sont là pour ça. Le fait est que nous avons tous des imperfections. Personne n'est parfait, sauf Penelope Cruz. Ce sont nos défauts qui font de nous des êtres humains. Si nous les acceptons comme faisant partie de ce que nous sommes, alors ils ne sont plus réellement un problème.

J'ai le même sentiment au sujet du vieillissement. Je

n'ai jamais menti sur mon âge. De fait, je ne sais pas comment les gens peuvent encore mentir là-dessus maintenant qu'il y a l'Internet. Non seulement les gens peuvent facilement découvrir en quelle année je suis née, mais aussi à quelle heure, dans quel hôpital, et combien de temps a duré l'accouchement. Je ne serais pas surprise de trouver une vidéo sur YouTube montrant le docteur en train de me taper les fesses. La seule raison pour laquelle ça n'y est pas, c'est que YouTube n'existait pas quand je suis née.

S'il est une chose sur laquelle nous n'avons absolument aucun contrôle, c'est bien notre âge. Cela fait partie de qui nous sommes. Je prends plaisir à vieillir en âge et en sagesse et j'apprends chaque jour de mes erreurs. Je suis heureuse, par exemple, de ne plus manger de colle comme j'en mangeais à 24 ans. Et je me réjouis du fait que dans quelques années, j'aurai droit aux billets à moitié prix dans les cinémas et les musées. Étant donné la fréquence de mes visites au cinéma et au musée, je devrais épargner jusqu'à $ 30.00 par année.

Quand on est enfant, on ne désire rien tant que d'être plus vieux. À l'âge de sept ans et demi, si quelqu'un mentionnait que j'avais seulement sept ans, j'étais furieuse. Il m'est même probablement arrivé d'en pleurer. Pouvez-vous vous imaginer faire la même chose en tant qu'adulte ? « Je vous présente Marsha. Elle a 42 ans. » « J'ai 42 ans et demi ! Tu oublies toujours la demie ! J'ai quasiment 42 ans et trois quarts ! » Je ne sais pas à quel âge les gens cessent de vouloir se vieillir. Règle générale, ils semblent apprécier leur vingtaine et leur trentaine. Ce doit être quand ils approchent de la quarantaine et qu'il « commence à se faire tard ». Je ne sais même pas ce que cela signifie ni pourquoi ce serait une mauvaise chose. Quand il se fait tard, d'ordinaire, c'est signe que la journée de travail est terminée, que le plus dur est fait et qu'on va bientôt se mettre à table. C'est une bonne chose en ce qui me concerne.

Les gens dans la cinquantaine et la soixantaine semblent parfois avoir honte de leur âge, mais une fois qu'ils atteignent les 70 ou 80 ans, ils n'ont plus honte d'afficher leur âge parce que c'est déjà une victoire de s'être rendus si loin. Il n'y a personne qui atteint l'âge de 100 ans et qui prétend en avoir seulement 95. Alors je ne comprends pas pourquoi les gens sentent le besoin de mentir sur leur âge à 50 ans. Nous devrions nous réjouir d'être encore en vie et célébrer chaque année qui nous voit encore heureuse et en santé. Parce que c'est le meilleur scénario possible, honnêtement. Nous sommes qui nous sommes – nous avons un certain air, une certaine façon de parler et de marcher. Moi qui ai la démarche d'une top-modèle, je trottine et parfois même je galope pour le plaisir. Quand on apprend à s'accepter telle qu'on est, les autres apprennent aussi à vous accepter. Alors soyez qui vous êtes vraiment. Embrassez la personne que vous êtes. Littéralement. Donnez-vous un baiser. Acceptez qui vous êtes. Sauf si vous êtes tueur en série.

Je sais que cela peut sembler facile à dire, mais croyez-moi : vous êtes très bien exactement comme vous êtes. Si vous m'aviez appelée il y a quinze ans pour me dire qu'un jour je deviendrais cover-girl, j'aurais répondu : « Impossible ! » Et : « Comment avez-vous obtenu ce numéro ? » Mais regardez-moi maintenant. Je suis totalement moi-même et me voilà devenue une top-modèle fort recherchée, connue et reconnue dans le monde entier. Je suis même allée à Paris une fois.

# Comment devenir mannequin

P uisque je suis maintenant une cover-girl, j'ai pensé offrir quelques conseils à celles d'entre vous qui pourraient être intéressées par la carrière de mannequin. Des défilés de mode, j'en ai faits dans ma vie – j'en ai fait un. Mais je sais ce qu'il faut pour produire une forte impression. Alors voici quelques suggestions, pourvu que vous soyez féroces.

Un : Le regard
Ayez toujours l'air d'en vouloir à l'univers de vous avoir faite trop belle.

Deux : La démarche
Trottez ! Agressivement, comme un cheval qui essaie d'éviter des flaques d'eau.

Trois : Les yeux
Plissez les yeux comme si quelqu'un vous réverbérait le soleil en plein visage avec sa montre.

Quatre : La moue
Faites marcher vos lèvres. Pincez-les comme si vouliez boire à une paille qui se déplace sans cesse.

Cinq : La pose

Soyez mystérieuse. Posez toujours avec une main dans les poches, l'air de dire : « Je suis tellement mystérieuse que cette main dans ma poche pourrait très bien être un crochet. Qu'est-ce que vous en savez ? »

Six : La brise

Apportez un ventilateur géant partout où vous allez. Sans exception.

Maintenant, tout le monde ensemble : Trottez ! Plissez ! La paille, la paille ! Qui c'est qui est une jolie fille ? C'est vous. Trottez !

# Encombrement

❧ ❧

J e n'aime pas l'encombrement. Je crois fermement qu'il y a une place pour chaque chose et que chaque chose doit être à sa place. Et je sais qu'il y a un nom pour les gens comme moi : des gens *rangés*.

Je suis toujours épatée de voir tout ce qui s'accumule dans nos maisons. Nos armoires sont pleines de trucs et machins trucs. Nos tiroirs sont pleins de trucs. Des trucs empilés sur d'autres trucs. Et plus on vieillit, plus on accumule, parce qu'on achète sans cesse de plus en plus de trucs dont on ne parvient plus à se débarrasser. Ces jours-ci, les Américains sont un peu plus conscients du phénomène parce que, dans les cas extrêmes, il est considéré comme une maladie. En anglais, il y a même un nom pour les gens qui ont cette manie. On les appelle *Hoarders*, ou amasseurs. Dans le temps, on les appelait simplement des grands-mamans.

Si vous voulez désencombrer votre maison, vous pouvez toujours procéder au grand ménage du printemps chaque année. Ou vous pouvez faire comme moi : déménager. Je déménage souvent. J'ai déménagé une bonne dizaine de fois au cours des quinze dernières années. Je ne déménage pas uniquement dans le but de me débarrasser de mon fourbi. Je ne suis pas folle. Je déménage aussi pour ne jamais avoir à laver les fenêtres. « Est-ce que c'est une tache que je vois là ? Allez, on remballe ! »

Quand on vide une maison, on est forcé de faire le tri entre ce qu'il faut garder et ce dont on peut se débarrasser. Il se peut par exemple qu'on ait conservé précieusement des boîtes et des boîtes de petits pots en verre, mais quand vient le temps de les emballer pour les déménager on se rend compte tout à coup qu'on ne sera probablement jamais propriétaire d'une manufacture de confitures.

Ma maman est comme moi dans le sens où elle aime aussi déménager. Maman a déménagé trente-deux fois depuis 1952. C'est drôle parce qu'il m'arrivait de rentrer de l'école et de trouver une note collée à la porte qui disait : « J'ai déménagé. Essaie de me retrouver ! » Je mettais des heures et des heures à chercher notre nouvelle maison. Parfois je ne la trouvais qu'à la tombée de la nuit et parfois je ne la trouvais pas. Une fois elle a même oublié de me laisser une note et je n'avais pas idée qu'elle avait déménagé. J'ai vécu dans la maison pendant trois mois avec une famille mexicaine avant de réaliser que ce n'étaient pas des cousins de la campagne qui nous rendaient visite. Ils étaient tous très gentils. Ils m'appelaient « Quien es, quien es » ; c'est un joli prénom, je trouve.

Si ma mère me ressemble au point de vue des déménagements, c'est tout le contraire à l'égard du rangement. Quand elle a déménagé dans la maison où elle habite maintenant (je pense qu'elle va y demeurer long-temps, il paraît que la trente-deuxième fois est la bonne), elle s'est fait une joie de m'annoncer qu'elle allait tenter de minimiser l'encombrement. Elle allait se débarrasser de tous les trucs dont elle n'avait plus besoin et recommencer à neuf dans sa nouvelle maison. J'étais tellement fière. Je suis allée chez elle pour l'aider à emménager en me disant que je n'aurais pas plus qu'un oreiller et une cuiller à déballer. Erreur.

Permettez-moi d'énumérer quelques-uns des objets que Betty « désencombrée » DeGeneres avait demandé aux déménageurs d'envelopper et de mettre en boîte avant de sceller la boîte, de la mettre dans un camion et de l'apporter dans la nouvelle maison où j'aurais l'honneur d'ouvrir la boîte, d'en sortir les items et de les développer :

1. Une poinçonneuse à un trou.
2. Une poinçonneuse à trois trous.
3. Une cassette VHS de « Travaillez vos abdos ».
4. Une cassette de « Hip Hop Abdos » dans son emballage d'origine.
5. Un harmonica.
6. Un autre harmonica.
7. Un troisième harmonica.
8. Un tamis rouillé.
9. Une passoire qui date de 1953.
10. Une forme à biscuits.

La plupart de ces objets ont déménagé trente-deux fois. Mais laissez-moi apporter quelques précisions. Premièrement, maman a déménagé dans cette maison en 2010 et non, comme les VHS le laissent croire, en 1987. Deuxièmement, maman ne fait pas partie d'un orchestre de blues. Elle ne joue pas de l'harmonica et même si elle en jouait, ceux que j'ai déballés avaient l'air d'avoir été trouvé par terre près d'une ligne de chemin de fer. Si maman s'avisait de les porter à sa bouche ou même à proximité de sa bouche, il faudrait que je l'emmène immédiatement se faire vacciner contre le tétanos. Troisièmement, maman n'est ni cuisinière ni pâtissière ; elle ne s'occupe pas du tout de la cuisine. Je ne sais pas quelle sorte de biscuits imaginaires elle pensait nous faire cuire.

J'étais époustouflée de voir tous les trucs que maman possédait encore, mais nous avons toujours de bonnes raisons de conserver un tas de choses. Cela s'applique tout particulièrement aux vêtements. Nos garde-robes sont pleines de vêtements que nous ne portons jamais, mais nous nous obstinons à les garder juste au cas nous aurions à peinturer. Nous ne peinturons pas, nous ne peinturerons jamais, mais nous avons une douzaine de vieux t-shirts à l'effigie du groupe *Wham !* juste au cas.

Plusieurs conservent leurs vieux vêtements pour des raisons sentimentales. Ils se disent : « Je ne peux pas me départir de ce blouson. Je l'aime. Je l'ai porté durant ma première croisière en mer. » Bien sûr que vous l'aimez : vous l'avez acheté. Mais il ne vous fait plus et les épaulettes vous donnent l'air d'un joueur de football rose saumon des années 80.

Je suis aussi coupable. J'ai gardé la chemise que je

portais lors de ma première apparition à l'émission de Johnny Carson. Sauf que maintenant je m'en sers comme nappe quand je reçois. C'était toute une chemise.

On hésite toujours à se débarrasser d'un vêtement de crainte qu'il revienne à la mode. Mais même si un morceau de linge devait revenir à la monde – cela dit, je vous assure que vos « jumpsuits » en cachemire ne reviendront jamais à la mode – le fabricant y apporte toujours un petit changement pour le rendre différent et il faut quand même que vous achetiez la nouvelle version. Une année, la mode est aux grands cols et l'année suivante ils font les cols un centimètre plus petits. Alors nous allons toutes nous acheter les plus petits cols parce que ce serait une catastrophe si quelqu'un nous voyait en ville avec un col de l'an passé. Comme si les gens allaient nous arrêter dans la rue avec un ruban à mesurer. « Oh, non… Attention, tout le monde : c'est un col de l'an dernier ! Elle porte un col de l'an dernier ! »

Il n'y a pas que les vêtements. Il y aussi les appareils électroniques et les meubles et je vais vous dire une chose que j'ai découverte récemment dans ma propre demeure : les lotions. Portia amasse les lotions. Je ne sais pas pourquoi j'ai mis tant de temps à m'en apercevoir, mais elle a des dizaines de pots de crème et de lotion. Il y en a une rangée sur le comptoir, il y en a dans un panier sous l'évier. Elle en a des bon marché qui viennent de la pharmacie et des plus chers qui viennent du Sheraton et du Holiday Inn.

Elle a toutes les sortes de lotions qui soient – et il y

en a des tas. Il y a des lotions pour le visage, des lotions pour les mains, des lotions pour les pieds, des lotions pour le corps. Pourquoi ? Qu'arriverait-il si vous mettiez de la lotion pour les mains sur vos pieds ? Est-ce que vos pieds se mettraient à applaudir au lieu de marcher ?

Chaque type de lotion prétend offrir un avantage unique pour votre peau : aloès, beurre de karité, huile de coco, vanille, citron. Il manque juste un ingrédient pour faire du gâteau !

N'allez pas croire. J'aime la lotion. J'utilise une lotion hydratante pour le visage et j'aime utiliser une lotion pour les mains. Je serre beaucoup de mains et je veux que les gens se souviennent de ma souplesse. Mais c'est une opération délicate. Il faut savoir exactement combien en mettre. Il ne faut pas en faire trop. Portia en a trop mis un jour et elle est restée coincée une heure dans la salle de bain à essayer de tourner la poignée de porte. Il a fallu que je lui rappelle qu'on a des portes coulissantes.

Enfin bref, quiconque a des paniers pleins de lotions devrait se débarrasser de toutes celles qui ne servent pas. Et par quiconque, j'entends Portia. Au moins, elle devrait envisager de transvider toutes les demi-bouteilles dans une seule immense bouteille. Le comptoir serait dégagé et du coup elle pourrait sentir le bébé qui mange du concombre dans une orangeraie. J'espère qu'elle va lire ces lignes.

Je crois vraiment qu'il est important d'apprendre à lâcher prise et faire don de tout ce qu'on accumule, pour se désencombrer et sortir la tête de sous les piles de papiers, de vieilles boîtes de céréales et d'harmonicas. C'est une expérience cathartique. Libératrice. Et puis, on peut toujours gagner quelques sous en revendant ses trucs sur eBay. Une passoire « antique » à vendre pour $ 3.50. C'est maman qui va être contente !

# Personnellement

≈≈

J e passe beaucoup de temps à explorer mon corps.
Attendez, ce n'est pas tout à fait ce que je voulais
dire. J'aime être en contact constant avec mon propre
corps. O. K., non, ça ne va pas non plus. Mon corps
est un jardin des merveilles. Je ne sais même pas
pourquoi je viens de dire ça.

Ce que j'essaie de dire, c'est qu'en vieillissant je
me suis mise à faire plus attention à mon corps et à
ma santé. Je crois que nous devons tous le faire en
prenant de l'âge. Nous devons nous surveiller, littéralement, au cas où quelque chose apparaîtrait ou dis-
paraîtrait, grossirait ou rapetisserait, se raffermirait ou
se relâcherait, s'ulcèrerait, s'enflerait ou s'enflamme-
rait. J'espère que vous n'êtes pas en train de manger.

À partir de quarante et cinquante ans, nos corps
subissent plusieurs changements. Même pour ceux et
celles qui sont en bonne condition physique (lire : j'ai
des fesses d'acier), les choses commencent à ralentir.
Notre métabolisme ralentit, nos réflexes sont moins
rapides et parfois notre mémoire est moins fidèle. Je
ne veux pas alarmer ceux qui ne sont pas rendus là,
mais vous devriez savoir que le jour n'est pas loin où

vous laisserez vos clés dans le congélateur et tenterez de démarrer votre voiture avec un bagel. Vous devez aussi savoir que les études démontrent qu'après l'âge de cinquante ans, les chances de vous blesser à l'aine en enfilant votre maillot de bain sont de 97%. C'est prouvé. Vous pouvez faire la recherche vous-même si ça vous chante.

Je me suis moi-même blessée à l'aine il y a quelques années. Je ne sais même pas comment j'ai fait. Tout ce que je sais, c'est que c'est arrivé en plein milieu de mon audition pour les Rockettes et ç'a tout fait foirer. Le problème quand on a une blessure à l'aine, à part le fait d'avoir une blessure à l'aine, c'est qu'il n'y a pas moyen de la faire soigner sans manquer de pudeur. Quand on est blessé à un muscle du dos, il suffit de faire masser le muscle et tout va bien. Quand on est blessé dans la région de l'aine, c'est plus délicat. On ne peut pas demander à un étranger de vous masser l'aine. C'est pourquoi j'ai demandé à mon jardinier. Et pour être honnête, j'avoue qu'au début c'était un peu gênant. Mais après c'était magnifique.

Plus on vieillit et plus il faut prendre soin de soi-même. Cela implique de procéder à des interventions agressives, désagréables, et même parfois au genre de manœuvres que les gens ont l'habitude de réserver pour le troisième rendez-vous. La colonoscopie est l'une de ces interventions. J'ai eu ma première colonoscopie de routine à l'âge de cinquante ans. Je suis sûre que tout le monde sait ce que c'est mais, pour ceux qui ne le sauraient pas, je vais tenter de l'expliquer de mon mieux. Essentiellement, on procède à une colonoscopie en mettant une caméra dans un wagon de métro qui part du bas de la ville et remonte vers le centre-ville. À Los Angeles, la procédure est quelque peu différente. On attache des caméras à de tout petits, petits paparazzis qui vont prendre des milliers de photos de votre côlon, photos qui se retrouvent plus tard sur le site de TMZ.

Je ne savais pas vraiment à quoi m'attendre quand j'ai eu ma première colonoscopie. Premièrement, à cause de mon travail, j'ai dû subir l'opération un samedi. Heureusement, il y a un petit kiosque au centre commercial qui fait les colonoscopies et les piercings durant le week-end.

En arrivant, on commence par vous demander d'enfiler une chemise d'hôpital. Je crois que la mienne était une Zac Posen. Très belle : ouverte dans le dos et légèrement décentrée aux épaules. Ils m'ont fait enlever tout ce que je portais, sauf les bas. Je suppose qu'ils vous laissent vos bas pour que vous ne vous sentiez pas complètement nue. En fait, même avec les bas, on se sent complètement et totalement nue. Je ne sais pas ce qu'ils pensent. Avec ou sans les bas, toutes les parties importantes sont encore en vadrouille.

Une fois vêtue de mes bas et de ma chemise, la docteur est venue me saluer. Elle aussi portait une chemise d'hôpital, alors j'ai voulu faire une blague : « C'est fâcheux, on a la même chemise ! » Elle a ri, mais comme elle tenait une aiguille à la main j'ai eu l'impression tout à coup de me retrouver dans une scène du film *Misery*. Aussitôt elle a commencé à m'injecter des drogues pour faire dodo. Tout ce que je me rappelle après les drogues pour faire dodo, c'est d'avoir dit : « Il faut que je... », et c'est tout. J'ai dormi le reste du temps. En vous réveillant, vous êtes un peu désorientée. Vous ne savez plus trop où vous êtes. Il y a Katie Couric[1] qui est là avec une équipe de tournage. Ça donne un choc. Mais c'est nécessaire, et je suis contente de l'avoir fait.

La mammographie est un autre examen de routine auquel chaque femme devrait se soumettre régulièrement. La différence entre une colonoscopie et une mammographie – enfin, il y a quelques différences, évidemment. L'une se déroule au-dessus de l'équateur, l'autre au-dessous. Mais l'autre différence, c'est que la patiente reste pleinement consciente durant la mammographie. Pas besoin de drogues pour vous abrutir parce que l'intervention n'est pas douloureuse. Elle est seulement très désagréable et très embarrassante, surtout étant donné qu'on est face à face avec la technicienne qui opère la machine. C'est difficile pour moi, en tout cas, parce qu'immanquablement je me sens obligée de lui faire la conversation. « C'est vrai, je danse beaucoup... Non, pas tout le temps... J'aime beaucoup votre mère aussi, alors merci, c'est gentil. »

---

[1] Journaliste américaine bien connue, Katie Couric avait subi une colonoscopie en direct dans le cadre d'un reportage à l'émission Today en 2000. (N.d.T.)

Je n'arrive pas à croire qu'ils n'aient pas encore trouvé une meilleure méthode de détection que la mammographie. Si un homme devait insérer ses parties intimes dans un étau pour tester quoi que ce soit, je crois qu'ils auraient trouvé une meilleure idée avant même que le docteur ait le temps de dire : « Mettez ça là-dedans que je vous l'écrase. »

Mais je digresse. Ces examens sont très importants. Et si je n'ai pas honte de vous parler de mon aine, de mon côlon et de mes seins, c'est dans l'espoir que cela puisse vous encourager à prendre soin de vous-même. Tiens, je viens de trouver quelque chose d'autre à vous faire partager. Voulez-vous entendre parler de ma verrue ? Non ? O. K. Passons…

# Le secret de la vie

L e chou frisé.

# Le secret de la vie, prise deux

∽ ∾

D'accord, le secret de la vie ne tient peut-être pas tout entier dans le chou frisé. (Bien que ce soit une plante vraiment exceptionnelle. Une portion de chou frisé renferme 88 % de notre besoin quotidien en vitamine C. Voilà, c'était le conseil nutritionnel promis en début de livre.)

Les gens recherchent constamment le secret de la vie. Sur la liste de ce que les gens passent le plus de temps à rechercher, figurent de haut en bas : verres fumés, secret de la vie, fontaine de jouvence, voiture dans le stationnement du centre commercial, téléphone cellulaire, clés, verres de contact, amour. Nous passons tous beaucoup de temps à chercher le secret de la vie parce que nous croyons que cela nous rapprochera de la seule chose que nous désirons tous – la seule chose que nous aspirons tous à posséder, peu importe ce que nous faisons dans la vie, où nous allons ou qui nous marions. C'est la chose la plus importante au monde : l'argent. Non, je m'excuse, pas l'argent. Le bonheur. C'est ce que je voulais dire : le bonheur. Une fois que vous avez trouvé le bonheur, vous avez plus ou moins découvert le secret.

Certains croient que pour trouver le bonheur, il faut vivre chaque jour comme si c'était le dernier parce que de cette façon on en apprécie chaque instant. D'autres croient qu'on doit vivre chaque jour comme si c'était le premier parce qu'ainsi chaque journée peut représenter un nouveau départ. Ce sont des idées contradictoires, et je sais qu'elles peuvent être déroutantes. Doit-on vivre comme si chaque jour était le dernier ou le premier ? Dans les deux cas, on aura probablement la couche aux fesses.

En vivant comme si chaque jour était notre premier jour, nous serions constamment en train de découvrir le monde comme font les bébés. Les bébés ont une extraordinaire capacité d'émerveillement. Ils sont en admiration devant tout ce qui les entoure : miroirs, jouets, même leurs propres mains. Les choses les plus simples les fascinent. Les adultes s'émerveillent parfois à la vue de leurs propres mains, mais alors c'est dans des circonstances très particulières, soit quand ils assistent à un festival musical en plein désert[1].

C'est pourquoi je trouve la compagnie de ma nièce de deux ans si agréable. Elle est à l'âge où tout l'excite parce qu'elle découvre tant de choses pour la première fois. Elle apprend à marcher et à parler. Récemment, on l'a laissé conduire sur l'autoroute pour la première fois. Elle a adoré !

Pour une raison que j'ignore, plus on vieillit, plus cette capacité d'émerveillement diminue. On devient

---

[1] Allusion au festival *Burning Man* qui se tient chaque année dans le désert Black Rock au Nevada. (N.d.T.)

blasé. Je ne sais pas exactement quand, mais je crois que cela se produit quelque part entre le jour où l'on découvre que la fée des dents n'existe pas et celui où l'on apprend que la téléréalité est scriptée.

Il se peut aussi qu'avec le temps, nous nous soyons désensibilisés. Avec YouTube, la téléréalité et le Cinéma de Minuit, on a pas mal tout vu. Il y a peu de choses qui nous surprennent encore. Un enfant voit quelque chose d'aussi simple qu'une porte de garage en train de s'ouvrir et il vous en parle pendant des semaines, littéralement. Devenus adultes, nous voyons une personne en chair et en os sur une bicyclette être catapultée par-dessus dix-huit voitures en flammes, atterrir sur une planche à roulettes, glisser le long d'une rampe et se retrouver sur le siège arrière d'un taxi, et nous disons : « Ouais, c'était pas mal. Mais as-tu vu le type sur un *pogo stick* qui a sauté par-dessus trente-huit grand-mères ? »

Je ne dis pas qu'on doive se comporter en toutes choses comme des bébés. Bien sûr, il serait très agréable d'être transportée partout dans un sac kangourou. Qui n'aimerait pas ? D'un autre côté, je suis bien contente de ne plus faire sur le pot et de ne plus manger mes orteils comme je faisais bébé.

J'aimerais seulement qu'on puisse conserver plus longtemps son sens de l'émerveillement parce qu'il arrive trop souvent qu'on ne remarque même pas des choses pourtant fabuleuses. On passe chaque jour près de fleurs et d'arbres magnifiques sans même les voir. On va et vient toute la journée la tête baissée sans même dire bonjour à la majorité des gens que l'on croise. On tient trop de choses pour acquises, et je crois que c'est pourquoi certaines personnes pensent qu'on devrait vivre chaque jour comme s'il s'agissait du dernier. Parce qu'on serait porté à apprécier plus de choses autour de soi. Soit ça, soit qu'on quitterait son boulot immédiatement pour aller vivre dans une yourte.

Si nous vivions chaque jour comme si c'était notre dernier, je parie que nous serions tous beaucoup plus francs, parce que nous aurions moins à nous soucier de ce que pensent les autres. En rencontrant une amie pour déjeuner, vous pourriez vous écrier : « Oh, quel affreux chapeau ! » Ou dire à un policier : « Si vous pensez que j'allais trop vite, vous auriez dû me voir tantôt. Je n'ai jamais roulé aussi vite de toute ma vie ! » Ou en rompant avec quelqu'un, vous pourriez enfin lui dire : « Je voulais juste te dire : ce n'est pas moi, le problème. C'est toi. »

Vous n'auriez rien à perdre et c'est pourquoi vous prendriez sans doute beaucoup plus de risques. C'est important, dans la vie, de risquer. Cela ne veut pas dire qu'il faille sauter d'un avion ou tenter d'escalader le flanc d'une montagne couverte de glace en utilisant seulement vos doigts, un petit bout de corde et une lime à ongles. Je ne comprends pas qu'on puisse se dire, devant la paroi abrupte d'une montagne : « J'ai envie d'aller pendouiller là-haut. » Bien sûr, si c'est votre truc, allez-y, mais si ce ne l'est pas, commencez par de tout petits pas. Mangez une pomme sans l'avoir d'abord lavée. Répondez au téléphone même si l'afficheur indique « inconnu ». Attendez seulement vingt-sept minutes après avoir mangé avant d'aller nager. Faites n'importe quoi que vous jugez risqué.

En prenant des risques, vous découvrez que vous allez parfois réussir et parfois échouer, et que l'échec et la réussite ont la même importance. Il est difficile de comprendre l'échec au moment où il se produit, mais dans le grand ordre de l'univers, il est bon de tomber – et pas parce que vous êtes ivre et trop loin des marches.

C'est l'échec qui nous permet de voir la réussite dans une juste perspective. Quand mon personnage est sortie du placard dans ma *sitcom*, je savais que je prenais un risque, mais j'ai risqué et voyez ce qui est arrivé : la *sitcom* a coulé. Mais la question n'est pas là. L'important, c'est que je me sois remise en selle. Quand j'ai appris qu'on avait supprimé mon émission, j'étais sur l'un de ces petits chevaux mécaniques qu'on trouve à la sortie des supermarchés – et j'ai persévéré. Je me suis dit : « Tu vas leur montrer, Ellen ! » Et j'ai fait une autre *sitcom*. Devinez ce qui est arrivé ? J'ai encore coulé. Mais la question n'est pas là non plus. L'important, c'est que j'ai persévéré et j'apprécie maintenant mes succès beaucoup plus que je n'aurais pu l'imaginer. Je me rappelle l'époque où je racontais des blagues dans un sous-sol pour un public composé de trois amis – un ami et deux souris en fait. O. K., trois souris. Et je suis fière d'être là où je suis aujourd'hui. Que cela vous serve de leçon, les enfants : si vos notes sont mauvaises, continuez, vous êtes dans la bonne voie. C'est tante Ellen qui vous le dit. Ne me remerciez pas, les parents.

À la réflexion, peu importe que vous choisissiez de vivre chaque jour comme si c'était le premier ou le dernier. Vous pourriez attendre et décider de vivre chaque jour comme si c'était le deuxième ou le troisième pour que vos yeux aient perdu le visqueux qu'ils ont à la naissance. Vous pourriez vivre chaque jour comme si c'était le 912e ou le 15,337e. De fait, je me rappelle très bien ce jour-là dans ma propre vie. J'étais dans la quarantaine et j'avais besoin d'un peu de repos, alors je suis partie. Je suis allée en Jamaïque et j'ai passé quelques jours à méditer sur ma vie et sur mes aspirations, puis j'ai rencontré un beau jeune homme qui m'a fait perdre tous mes complexes. Vous savez quoi ? Je suis désolée. C'était le scénario du film *Sans complexes* (*How Stella Got Her Groove Back*).

L'important, c'est d'apprécier et de goûter chaque journée, et cela s'accomplit simplement en vivant le moment présent. Ne regardez pas derrière vous. À moins qu'on vous ait crié : « Attention, derrière ! » Alors vous feriez mieux de regarder parce que les chances sont bonnes que vous attrapiez un frisbee derrière la tête ; ou, si vous êtes dans un film, qu'un jeune et séduisant vampire soit sur le point de vous attaquer.

Autrement, ne regardez pas derrière vous et ne perdez pas votre temps à vous soucier de l'avenir. Restez dans le présent. Il y a plusieurs moyens d'y parvenir. Levez-vous et laissez-vous bercer par l'odeur du café. Durant la journée, prenez le temps de vous arrêter pour humer le parfum des roses. Tâchez de flairer la bonne aubaine. Bref, reniflez tout ce qui bouge puisque le bonheur passe par l'odorat à ce qu'il paraît. Enfin, vous voyez ce que je veux dire.

# Une très courte nouvelle :
# Coup de tonnerre

〜 〜

Il faisait nuit noire et la tempête faisait rage. Les rues étaient désertes. Elles avaient l'air presque triste et vide. Le vent hurlait et la pluie tombait si fort sur le toit que papa pouvait à peine entendre le bruit de sa bouilloire. Mais la tempête a fini par passer et la vie a repris son cours normal.

# Journal intime

≈ ≈

D'ordinaire, je ne parle pas de ma vie privée, mais j'ai cru bon ici de faire une exception en partageant avec vous quelques pages de mon journal intime. Les plus anciennes datent de 2003, époque où mon livre précédent a paru. Voici donc un aperçu du genre de rêveries qui m'ont occupée ces dernières années.

Bonne lecture !

≈ ≈

30 mai 2003

Cher Journal,

Te souviens-tu de ce film sur lequel j'ai travaillé il y a des années : *Le monde de Nemo* ? Eh bien, il est paru aujourd'hui et devine quoi – c'est la meilleure recette de l'histoire pour un film d'animation à sa première journée. Je suis tellement fière d'y avoir participé. Je ne serais pas surprise si Pixar m'appelait aujourd'hui pour m'offrir de travailler sur la suite de *Nemo*. C'est fantastique. Super, extra, fabuleux. Journal, nous ne pourrions pas être en meilleure position !

1er août 2003

Journal,

*Le monde de Nemo* est maintenant le film d'animation ayant réalisé le plus d'entrées de tous les temps. Peux-tu le croire ? Attends, le téléphone sonne. C'est probablement les gens de Pixar qui vont m'annoncer qu'ils veulent faire une suite. À plus tard, Journal. Quand je serai riche !

2 août 2003

Journal,

Finalement, ce coup de téléphone ne concernait pas *Le monde de Nemo 2*, mais ils vont sûrement m'appeler d'une minute à l'autre. Le téléphone, c'était au sujet de mon nouveau talk-show ! Voilà autre chose qui m'excite ! La première est dans un mois. Il faut que je commence à penser à ce que je vais porter et comment je vais me coiffer pour la première émission. Rien que d'y penser, j'ai envie de danser entre les rangs, je ne sais pas pourquoi. Quoi qu'il en soit, je te ferai signe quand Pixar va se manifester. Ça ne devrait plus tarder maintenant.

8 septembre 2003

Cher Journal,

Grosse journée aujourd'hui. Mon talk-show a débuté à la télé ! Ouf ! Je crois que je vais avoir beaucoup de plaisir. Les gens semblent avoir aimé et j'en suis très fière. Je ne sais pas à quoi va ressembler mon emploi du temps durant les mois et les années qui viennent, mais ne t'en fais pas : je vais quand même trouver le temps d'écrire dans tes pages chaque jour.

25 février 2007

Journal,

Je viens de finir de présenter la soirée des Oscars. La sensation que je ressens est indescriptible. C'est une joie mêlée de soulagement mêlée à l'odeur de lotion après-rasage de Clint Eastwood. Je n'arrive pas à croire que j'ai animé la remise des Oscars ! Je vais de ce pas assister la fête d'après-spectacle. Ce sera sans doute une petite soirée pépère, super tranquille… Je plaisante. Ça va chauffer là-dedans! J'ai le pressentiment que mon costume trois pièces n'aura plus qu'une pièce d'ici une heure, si tu vois ce que je veux dire.

16 août 2008

Cher Journal,

Aujourd'hui est la plus belle journée de ma vie. Je me suis mariée ! Je suis siiiiiiiiiiiii heureuse. Tu peux juger de mon bonheur au nombre de « i » que j'utilise. Je n'ai jamais vu autant de « i » ! Portia et moi nous sommes mariées devant un petit groupe de parents et amis. La journée était parfaite.

16 mai 2009

Journal,

Aujourd'hui j'ai prononcé le discours de fin d'année à la remise des diplômes de l'Université Tulane, dans ma ville natale de New Orleans. J'ai eu beaucoup de plaisir et je crois avoir donné de bons conseils aux jeunes. J'ai peine à croire qu'ils m'aient choisie pour faire ce discours alors que je n'ai même pas été à l'université moi-même. J'avais l'intention d'y aller, mais j'ai complètement oublié. Je crois que ma maman était très fière de moi aujourd'hui ; c'est même un de ses rêves qui se réalisait : j'ai finalement porté une robe.

26 janvier 2010

Cher Journal,

C'est mon anniversaire aujourd'hui. Ce fut une très belle journée et l'année qui vient s'annonce sensass. Il y a tellement de belles choses qui m'attendent. *American Idol* va bientôt commencer. J'ai hâte. Je pense que je vois vouloir y rester très longtemps.

15 mars 2010

Journal,

J'ai coupé le sucre ! Je n'ai pas pris de sucre depuis plus de trois semaines. Je crois que je suis en manque. Aujourd'hui j'ai engueulé une plante. Je ne sais pas pourquoi j'ai décidé de faire ça. C'est fou. Il y a du sucre dans tout. Le savais-tu ? Dans tout. Même les gâteaux ! Il faut que je te quitte, Journal. Espèce d'imbécile.

26 mai 2010

J.,

Grosse nouvelle. J'ouvre ma propre maison de disques. J'adore la musique et j'aime découvrir de nouveaux artistes. Je ne changerai pas même si je vais maintenant être un nabab de la musique. Je vais rester la même vieille Ellen. Yo, faut je me tire. Vise un peu les chromes sur ma bagnole ! Holla !

27 juillet 2010

Journal,

Quelle journée excitante. Te souviens-tu de l'or que j'avais envoyé par la poste ? Devine quoi ! J'ai reçu mon argent aujourd'hui : $ 1.24 !

16 août 2010

Cher Journal,

Aujourd'hui, Portia et moi avons célébré notre deuxième anniversaire de mariage. Quand je suis rentrée à la maison, Portia [BIFFÉ].

8 septembre 2010

Journal,

Ce soir, J'ai fait mes débuts sur Broadway. J'ai la vedette dans une pièce intitulée *Promesses, promesses*, avec Kristen Chenoweth et Sean Hayes comme acteurs de soutien. Je me suis beaucoup amusée mais tu sais quoi, Journal ? Je crois que j'ai le cafard, maintenant. Littéralement. Il y avait un cafard dans ma loge de la taille de mon poing. New York est dégueulasse.

1er janvier 2011

Bonne année 2011, Journal ! Passé un très bon nouvel An. Battu un record en restant debout jusqu'à 9 h 30. C'était dément, Journal !

18 janvier 2011

Hé ! Journal,

Viens de regarder *The Biggest Loser* à la télé. C'est toujours tellement bon. Je pleure comme une Madeleine. Je ne sais pas comment ils font. J'ai tellement pleuré ce soir que le mascara me coulait sur les joues. Et je ne portais même pas de mascara. Ils sont très forts !

25 mai 2011

Cher Journal,

Aujourd'hui a été diffusée la dernière émission du *Oprah Winfrey Show*. Je n'arrive pas y croire. Je n'en reviens pas qu'on ait pu virer Oprah ! Tellement de personnes l'aimaient. Mais tu sais ce que cela signifie, Journal ? Maintenant que Larry King est à la retraite, que Oprah n'est plus là et que Regis s'en va, toute la télévision sera bientôt à moi ! Hahahaha !

24 juin 2011

Journal,

Je suis sur le point de remettre mon manuscrit à l'éditeur. C'est dur d'écrire un livre. Je croyais que ce serait aussi simple que d'écrire dans ce journal, mais il se trouve qu'il en faut beaucoup plus pour remplir un livre. Quoi qu'il en soit, je vais porter le livre et ensuite j'irai probablement au cinéma. Tu sais ce qui sort aujourd'hui, Journal ? *Cars 2*. Fantastique, non ? Une suite à un film d'animation. Je suis vraiment, vraiment contente pour eux.

# Les mots importants

❧ ❧

Voici un chapitre difficile pour moi. Parce que ce chapitre, le dixième, est mon chapitre favori dans l'un de mes livres favoris, et je ressens une énorme pression pour produire un chapitre fabuleux. J'ai lu d'autres livres dont les chapitres dix n'étaient pas fameux. Mais je préfère ne pas mentionner de titres. Leurs auteurs n'avaient peut-être pas lu le chapitre dix du livre susmentionné.

Je ne sais pas si « susmentionné » est un mot ou s'il est utilisé correctement ici. Mais chaque fois que je me sens tendue ou stressée d'une manière ou d'une autre, j'essaie d'utiliser des grands mots ronflants. Je me sens mieux et plus sûre de moi. Par exemple, quand la police m'arrête pour excès de vitesse, j'ai l'habitude de dire quelque chose comme : « Monsieur (ou Madame, bien entendu, selon la situation) l'Agent d'application des Principes légaux Gouvernementaux, je fais route vers mon appendicectomie. » À quoi ils répondent d'ordinaire par quelque chose du genre : « Permis de conduire et enregistrement. » Alors j'enchaîne avec : « Cacophonie ! » Ensuite ils rédigent ma contravention.

Je ne sais pas pourquoi les grands mots ont l'air plus importants. En fait, tous les mots sont importants, même les tout petits comme « le », « la », « ce », « de » ou « à ». On ne peut pas faire de phrases sans eux. Laissez-moi essayer d'écrire une phrase sans utiliser l'un de ces mots pour voir.

Voyez ? Impossible.

Quoique, techniquement, «Impossible » est une phrase qui se passe très bien de ces mots, mais vous comprenez ce que je veux dire. Tous ces petits mots sont aussi importants que les grands. Je l'ai dit et je le répète : pour ce qui est des mots, la taille n'importe pas. L'important, c'est la manière de les utiliser dans une phrase, dans un paragraphe ou dans un slam-jam.

Il y a des auteurs qui essaient de nous en remontrer avec des phrases compliquées. Je pourrais aussi, si je voulais. Ce n'est pas comme si je ne les connaissais pas, ces mots rares et ostentationnants qu'on n'utilise jamais. Bien sûr que je les connais. Si c'est ce qu'il faut pour qu'un livre gagne le Pulitzer ou quelque autre prix littéraire, alors j'imagine que je pourrais vous faire une phrase ou deux moi aussi. Pourquoi pas ? Je vous le fais tout de suite.

Un jour mon félin domestiqué Charlie était indubitablement extatique. J'ai déduit ce raisonnement de mon astucieuse observation de son niveau de loquacité tandis qu'il poursuivait son jouet à sonorité aiguë de la famille des Souridés.

Voyez ? Facile. En voici un autre exemple :

Généralement, on croit les femmes très calmes ; mais

elles ont la même sensibilité que les hommes ; tout comme leurs frères elles ont besoin d'exercer leurs facultés, il leur faut l'occasion de déployer leur activité. Les femmes souffrent d'une contrainte trop rigide, d'une inertie trop absolue, exactement comme en souffriraient les hommes ; et c'est étroitesse d'esprit chez leurs compagnons plus privilégiés que de déclarer qu'elles doivent se borner à faire des puddings, à tricoter des bas, à jouer du piano, à broder des sacs. Il est léger de les blâmer, de les railler, lorsqu'elles cherchent à étendre leur champ d'action ou à s'instruire plus que la coutume ne l'a jugé nécessaire à leur sexe.

O.K., j'avoue, ça venait de *Jane Eyre*. Je ne peux pas continuer cette mascarade tout un chapitre. Mais ça vous épate, ce *Jane Eyre*, n'est-ce pas ?

# La famille

~⁊ ⁊~

Il y a quelques années, j'ai reçu une lettre de la *New England Historic Genealogical Society*. Sur le coup, je croyais que c'était une lettre de ma docteur pour femme mais quelqu'un m'a dit que « généalogie » signifie « famille ».

Ils voulaient savoir si j'étais intéressée à connaître mon lignage. Jusque-là, je n'avais jamais beaucoup pensé à mon histoire familiale. Tout ce que je savais, c'est que j'étais née à Metairie, en Louisiane, et que j'étais sortie du nombril de ma maman.

Mais en recevant cette lettre, je me suis mise à réfléchir à mon passé et à mes ancêtres. Qui suis-je ? D'où viens-je ? Pourquoi est-ce que j'aime tant l'humus ? J'ai donc demandé aux généalogistes de faire leurs recherches et j'ai découvert des choses passionnantes.

Ils m'ont dit que j'étais apparentée avec tout un tas de célébrités, et pas juste au sixième degré comme Kevin Bacon. Vraiment apparentée. Tout d'abord, j'ai appris que j'étais mariée à Portia de Rossi, ce qui est déjà fantastique. Elle est très belle et c'est l'une des plus gentilles personnes que j'aie jamais rencontrées.

J'ai aussi appris que je suis la cousine au dixième degré de l'actrice oscarisée Halle Berry. C'est assez évident. Regardez-nous. Nous sommes quasiment jumelles. Les gens l'interpellent sans doute sur la rue en disant : « Ellen, danse ! »

Je suis également une lointaine cousine de Richard Gere, ce qui fait deux raisons pour moi de ne pas sortir avec lui. Je suis cousine au huitième degré croisé de Georges Washington, ce qui explique pourquoi je ne peux pas mentir et pourquoi j'aime tant les perruques poudrées. Et, ce qui est le plus important, j'ai du sang royal. Je suis cousine au quinzième degré de Kate Middleton, ce qui justifie pleinement que je demande à tous ceux qui travaillent pour moi de m'appeler Votre Altesse royale.

En fait, j'ai appris que ma lignée remonte jusqu'à l'Angleterre du quinzième siècle. C'est l'époque où Big Ben n'était encore qu'un tout petit bébé Ben. J'ai des ancêtres qui ont des drôles de noms comme Jean-Laurent de Generes et Jean-Baptiste de Generes, et je suis une descendante de William Brewster, qui était sur le *Mayflower*. Je présume que mon attirance pour les souliers à boucles vient de là.

C'est passionnant de découvrir ses racines. Savoir d'où l'on vient permet d'expliquer qui l'on est. De plus, le nombre de personnes à qui l'on peut emprunter augmente considérablement.

Compte tenu de nos origines familiales très diverses et de nos passés qui sont parfois très différents, nous sommes tous étonnamment semblables. De fait, si vous pouviez regarder par une fenêtre à l'intérieur de n'importe quelle maison de n'importe quelle rue durant l'une ou l'autre des fêtes de famille importantes, vous verriez probablement les mêmes scènes partout. Vous risqueriez aussi de vous faire arrêter pour violation de domicile mais vous auriez quand même l'occasion de vérifier que toutes nos familles se ressemblent. Peu importe d'où l'on vient, de qui l'on est parent ou de quelle manière notre passé influence notre vie, toutes les rencontres de famille se déroulent de la même façon.

Premièrement, vous espérez que votre tante favorite vous invitera chez elle pour les fêtes parce qu'elle a une table de billard au sous-sol. Elle ne le fera pas. Au lieu de quoi, tout le monde ira chez votre oncle qui a quatre pit-bulls et une rampe de skate-board intérieure en bouteilles de bières recyclées.

Dès votre arrivée, vous vous trouvez forcée de faire la conversation avec le frère de votre beau-frère. Vous n'avez rien à lui dire, alors vous commencez par : « La dernière fois que je vous ai vu, c'était dans *Cops*, à la télé ! » Immédiatement votre mère vous agrippe en disant : « Je t'avais dit de ne pas mentionner *Cops* ! Pourquoi t'as parlé de *Cops*[1] ! ? »

Alors vous vous excusez d'avoir parlé de *Cops*. Mais en vous excusant vous vous permettez une petite blague, genre : « Au moins, ce n'était pas *To Catch a Predator*[2]. » Vous refaites vos excuses.

---

[1] *Cops* est une émission de téléréalité américaine qui suit le travail quotidien des policiers, particulièrement lorsqu'ils poursuivent des délinquants. (N.d.T.)

[2] *To Catch a Predator*, autre émission de téléréalité, vise à identifier et à faire arrêter des prédateurs sexuels qui utilisent l'Internet pour rencontrer leurs victimes. (N.d.T.)

Cousine Pam vient d'arriver. Elle a apporté son plat de maïs qui est célèbre pour toutes les mauvaises raisons et vous savez qu'elle va bientôt se mettre à chanter sur la paix dans le monde en s'accompagnant à la guitare, alors vous décidez d'aller prendre un peu d'air même s'il fait froid dehors, qu'il neige et que vous n'avez rien à vous mettre sur le dos. Deux secondes après, neuf marmots qui vous ont suivie vous bombardent de boules de neige et, quand vous refusez de répliquer, ils commencent à vous traiter de tous les noms et vous font sentir mal parce que vous avez la peau sensible qui rougit tellement facilement au froid. Ce n'est pas votre faute, pourtant, vous avez toujours eu la peau sensible et il n'y a rien de mal à être sensible.

Vous le dites aux enfants mais ça ne se passe pas bien du tout, alors vous rentrez et demandez si vous pouvez faire quelque chose pour vous rendre utile parce que vous êtes polie, mais aussi parce que votre mère vous regarde d'un air qui signifie : « Tu fais mieux d'offrir ton aide. Je ne t'ai pas élevée pour rester plantée là à ne rien faire. » Vous espérez qu'on vous dira non mais votre tante répond: « Bien sûr. Je n'ai pas encore préparé la tarte aux patates douces. Tu pourrais t'en occuper ! »

Alors vous paniquez, parce que ne savez pas faire la différence entre une igname et une patate douce, or les deux sont sur le comptoir et si jamais vous faites une tarte aux ignames, vous n'avez pas fini d'en entendre parler.

Vous commencez donc à préparer votre tarte aux ignames. Heureusement, les gens sont distraits par la dizaine d'hommes au salon qui se mettent à crier parce que le petit Timmy a débranché la télé juste au moment où l'équipe de football allait marquer.

Timmy commence à pleurer. Les chiens se mettent à aboyer. Enfin tout le monde se met à table pour le repas. Le vin coule à flot et les secrets suivront. Devinez quoi ? Maman est enceinte. Devinez quoi d'autre ? Papa aussi. Il peut faire ça maintenant.

Vous engouffrez votre repas et rentrez à la maison en vous demandant si toutes les familles sont aussi folles que la vôtre. La réponse est un oui catégorique.

Mais nous leur devons beaucoup parce que sans nos familles – les ancêtres dont nous descendons, les cousins que nous voyons une fois par année, les proches que nous côtoyons chaque jour – la vie serait plutôt monotone. Nous n'êtes pas forcé de me croire, mais vous devriez. J'ai du sang royal.

# Que ferait Jésus ?

〜〜

J e ne sais pas si vous avez lu un magazine dernièrement, si vous avez surfé le web, regardé la télé ou
fréquenté un centre commercial – je ne sais pas ce que
vous faites de vos temps libres et franchement ce n'est
pas de mes oignons. Mais si vous avez fait l'une de ces
choses, il est fort probable qu'on vous ait demandé de
participer à un sondage d'opinion. Les sondages d'opinion ont la vogue ces temps-ci. Les gens adorent. Sans
blague, je l'ai lu dans un sondage d'opinion.

Il semble que chaque magazine, chaque tabloïd,
chaque site Internet ait son propre sondage à vous offrir.
Et je l'avoue, je ne suis pas certaine que tous ces sondages soient absolument nécessaires. Plusieurs d'entre
eux posent les mêmes questions. Quelles célébrités
forment le plus beau couple ? Aimez-vous sa coiffure ?
Aimez-vous sa robe ? Qui était la plus élégante ? Sont-
ils trop maigres, trop gras, trop beaux, trop laids, trop
grands, trop petits, trop velus ou pas assez ?

Plusieurs posent des questions qui non seulement
ne sont pas nécessaires mais, pour employer un terme
technique, sont cinglés. Je ne donnerai pas le nom (qui

rime avec *Pin Style*) du magazine que j'ai piqué chez mon dentiste, mais il contenait un sondage qui posait la question suivante à ses lecteurs : « Jusqu'où irez-vous avec le vert, qui est la couleur in cette saison ? » Trente-neuf pour cent des gens ont répondu « jusqu'au bout » ; trente-sept pour cent ont dit « à mi-chemin » ; et 24 pour cent, « pas très loin ».

Donc, voici ma question : Quoi !? Jusqu'où irez-vous avec le vert ? Qu'est-ce que ça veut dire ? Qu'est-ce que ça veut dire, aller « jusqu'au bout » avec le vert ? Comme aller au bal des finissants ? Allez-vous vous marier et avoir des enfants avec la couleur verte ? Et voyez comme la marge est mince entre « jusqu'au bout » et « à mi-chemin ». Il n'y a que deux pour cent de différence. Je suis surprise que ça n'ait pas fait les infos.

J'ai lu un autre sondage dans un autre magazine que je ne nommerai pas même si vous insistez. (Le nom ressemble à Clamor.) Il demandait aux lecteurs : « Les robes roses : *in* ou *out* ? » Voici ma question à propos de ce sondage : Qu'est-ce que ça peut bien faire ? Si vous voulez porter une robe rose, portez une robe rose. Peu importe ce que les autres en pensent. Cent pour cent de la population pourrait déclarer que les robes roses sont in, et vous savez quoi ? Je n'en porterais pas plus.

J'ai figuré dans ces magazines et c'est toujours gênant de s'y voir comparée à tout un tas gens. « Qui était la plus élégante ? Ellen ou Heidi Klum ? » Et bien sûr, quand on nous montre toutes les deux l'une à côté de l'autre, la pauvre Heidi est désavantagée.

Personne n'est épargné par ces sondages. Je crois sincèrement que si Jésus vivait à notre époque, il ferait aussi les frais d'un sondage dans *Us Weekly* : « À qui la robe longue sied-elle mieux ? Jésus ou J. Lo ? » « Les sandales de Jésus : bonnes à porter ou bonnes à jeter ? » « Jésus devrait-il se couper les cheveux ? » Cinquante-quatre pour cent des lecteurs disent que oui, Jésus devrait se faire couper les cheveux. Et la question suivante, bien sûr, serait : « Jésus devrait-il adopter la coupe afro ou le rase coco ? »

Ces sondages nous poussent constamment à porter toutes sortes de jugements. Or je ne crois pas aux jugements. (À moins que ce soit un jugement sur les jugements.) Personne n'a besoin d'être jugé plus élégant ou mieux coiffé que qui que ce soit. Ce n'est pas pour rien que le mot « différent » existe. (Par contre, j'ignore pourquoi le mot « moustache » existe. On ne pourrait pas dire « poils des lèvres », tout simplement ?)

Nous passons tellement de temps à nous comparer les uns aux autres. Nous voulons tous faire aussi bien que le voisin, mais qui est donc ce voisin que nous avons tant de mal à suivre ? Je suis certaine qu'il n'est pas parfait. Nous n'avons pas besoin de le suivre. C'est déjà bien assez de suivre les Kardashian.

Il n'y a pas que les vêtements. Les gens comparent tout : qui a la plus grosse maison, quelle voiture est la plus rapide, qui a le meilleur boulot. Les gens comparent leurs corps et mieux encore : ce que leur corps a subi. Avez-vous déjà montré aux gens une coupure ou une éraflure que vous vous étiez faite ? Les gens iront jusqu'à déchirer leurs propres vêtements pour comparer leurs blessures avec les vôtres.

En arrivant au travail, j'ai eu le malheur de montrer à quelques productrices une petite ecchymose que je m'étais faite. L'instant suivant mon bureau ressemblait au plateau d'un film porno. Il y en a qui ouvraient leurs chemises, d'autres qui retroussaient leur pantalon. Il y en a même qui ôtaient leurs bas. « C'est rien du tout, ce que vous avez – moi je suis rentrée dans un arbre hier. » « Je me suis cognée contre une porte de voiture. » « Je me suis assise sur une fourchette ! » Pas besoin de le voir !

Les gens me montraient des cicatrices et des grains de beauté qui n'étaient pas beaux du tout. Je vous avertis : même si votre grain de beauté ressemble à une étoile, je ne veux pas le voir. (Cela vaut pour les vergetures, mesdames. Quand vous dites : « Regardez ce que mes enfants ont fait », je m'attends à voir de la gomme dans vos cheveux, pas votre bas ventre. Et non, je ne veux pas le frotter au beurre de cacao.)

Tout ce que je veux dire, c'est qu'il est insensé de se comparer continuellement les uns aux autres. Peu importe qui est le meilleur, qui a les plus jolies choses ou la plus grosse marque de fourchette sur son derrière.

Personnellement, j'aime être unique. J'aime être moi-même avec mon propre style, mes propres opinions et ma propre brosse à dents. Je pense qu'il vaut beaucoup mieux se tenir à l'écart de la masse et se distinguer d'une quelconque façon. Il serait ennuyant de regarder le monde et de n'y voir toujours que des gens qui se ressemblent et qui pensent tous de la même façon. Si c'était ce que je voulais, je n'aurais qu'à me tenir devant un miroir pour admirer mon reflet à longueur de journée. C'est déjà ce que je fais de mes matinées. Je n'ai pas besoin de passer tout mon temps à le faire.

Et puis, de quel droit peut-on dire qu'une chose est meilleure ou pire ? Peut-on même savoir ce qui est normal ou anormal ? Nous sommes tous différents et nous avons le droit d'être différents les uns des autres. À l'avenir, si jamais quelqu'un vous dit que vous êtes bizarre, dites merci. Puis faits la révérence. Non, pas de révérence. Ç'aurait l'air trop bizarre. Faites une courbette. Et levez-lui votre chapeau imaginaire. Ça lui montrera.

# Haïku

*Quand je dis haïku,*
*C'est comme si je disais « hi ! »*
*À un nommé « Ku ».*

# Étirements

~≈≈

Il y a une chose absolument essentielle que tout le monde devrait faire chaque jour. Pardon, deux choses : regarder mon talk-show et faire des étirements. Libre à vous de faire vos étirements tout en regardant mon talk-show, si vous croyez pouvoir détacher les yeux de moi pendant une seule seconde.

Le principe des étirements peut s'appliquer à tous les domaines de nos vies. Non seulement devrions-nous étirer le corps pour être moins susceptible d'en perdre un morceau, mais nous devrions aussi exercer notre esprit. Il est très important de rester actif mentalement en assimilant constamment de nouvelles connaissances. On ne devrait pas s'arrêter après l'école secondaire. Enfin, techniquement, c'est ce que j'ai fait. Mais vous voyez ce que je veux dire.

Il y a plusieurs façons de garder l'esprit agile. Beaucoup de gens font des mots-croisés, ce qui est une excellente manière de stimuler son cerveau. Il y en a d'autres qui adorent ce jeu compliqué où il s'agit de placer tous les chiffres en les additionnant... Comment on dit, déjà ? Ah oui, les « maths » !

J'aime exercer mon esprit en lisant, en écrivant et en regardant des émissions éducatives à la télé comme *The Bachelor* pour connaître les nombreux et complexes rituels amoureux des hétérosexuels.

Portia a décidé d'apprendre quelque chose de nouveau dernièrement. Elle s'est mise à cuisiner. Elle n'a pas suivi de cours ni rien. Elle a tout compris toute seule. Je sais ce que vous pensez : oh la la ! Mais elle est vraiment douée. Il n'est pas facile d'apprendre à cuisiner. C'est une activité qui peut être très dangereuse. Il y a du feu, de la vapeur, des lames de couteaux tranchantes. Portia a déjà perdu deux doigts mais elle n'abandonne pas et c'est pourquoi je l'aime tant.

Je suis très heureuse qu'elle ait commencé à faire la cuisine. Surtout que j'en suis moi-même incapable. C'est bien qu'elle puisse cuisiner puisque que cela nous permet de partager les responsabilités dans la cuisine comme bien des couples le font. Portia cuisine et je nettoie. Je plaisante. Ce n'est pas moi qui nettoie. C'est dégoûtant.

Mais je suis contente qu'elle soit si emballée d'apprendre du nouveau. Je le recommande à tout le monde. Apprenez à jouer d'un instrument de musique. Apprenez à peindre. Apprenez l'art du marionnettiste. Ou apprenez simplement des faits que vous ignoriez. Je peux vous apprendre dès maintenant quelques petites choses que vous ne saviez peut-être pas. Tout d'abord, saviez-vous qu'un escargot peut dormir durant trois ans d'affilée ? C'est la raison pour laquelle ils marchent si lentement quand ils sont éveillés. Ils sont encore à moitié endormis. Saviez-vous que les ratons laveurs ont les doigts si agiles qu'ils peuvent non seulement ouvrir le couvercle des poubelles et tourner les poignées de porte mais aussi dénouer les lacets de chaussure ? Maintenant vous comprenez pourquoi ils ont tant de facilité à mettre leur *eye-liner*.

N'est-ce pas qu'il est agréable d'exercer un peu votre esprit ? Passons maintenant à votre corps. Le yoga est une excellente façon d'exercer le corps. J'en fais tous les matins parce qu'il n'y a pas meilleure manière de commencer la journée. J'en tire beaucoup d'énergie et je suis devenue assez experte depuis le temps. Mon chien tête en bas est si réussi qu'on ne peut pas le montrer à la télé en plein après-midi.

Il y a plusieurs sortes de yogas. Il y a le *Power* yoga. Il y a le Bikram yoga qu'on pratique dans des pièces surchauffées. On reconnaît les adeptes du Bikram yoga à ce qu'ils sentent mauvais. Mais tous les yogas sont basés sur le Hata yoga, que je pratique, et le Hata yoga est basé sur l'observation des étirements que font les animaux dans la nature. Je sais ce que vous pensez : « Ellen, j'ai vu mon chien s'étirer pour se laver et je n'ai pas envie de faire pareil. » Rassurez-vous, le yoga est tout autre chose.

Le mot « yoga » signifie littéralement « union », parce qu'en le pratiquant vous procédez à l'union du corps et de l'esprit. Vous allez le constater immédiatement parce que votre esprit va dire : « Aie, ça fait mal ! », et votre corps va dire : « À qui le dis-tu ! » Et quand votre esprit va penser : « Il faut que tu changes de position », votre corps va répondre : « Je suis d'accord mais pas maintenant. Je pense que je suis coincé. »

La méditation est une autre manière d'exercer le corps et l'esprit. La méditation aide la mémoire et favorise la circulation sanguine. Elle impose le repos et la détente. Il y a plusieurs façons de méditer. On peut le faire tout seul ou avec d'autres personnes. Je parle encore de la méditation. On peut le faire partout. Il suffit de fermer les yeux. Donc on ne devrait probablement pas méditer tout en opérant de la machinerie lourde, mais autrement ça va.

La méditation requiert beaucoup de concentration, or je suis facilement distraite. J'ai essayé de suivre des cours parce que je crois qu'il est plus aisé de méditer en groupe. J'ai plus de facilité à me concentrer, à rester positive et heureuse quand je suis entourée de bonnes énergies. Mais même dans ce cas, j'ai toujours tendance à ouvrir les yeux. D'autant plus qu'on fait brûler de l'encens et j'ai toujours peur qu'on mette le feu. Résultat, au lieu de me concentrer sur ma joie intérieure, j'essaie de me rappeler où sont les sorties les plus proches. À un moment donné, il est inévitable que j'ouvre les yeux pour voir si la pièce n'est pas en feu. Bien sûr qu'il n'y a pas de feu mais au moment où j'ouvre les yeux je vois que deux autres personnes ont aussi les yeux ouverts et je me demande depuis quand elles les ont ouverts. Puis je remarque le gigantesque gong et je me demande ce qui est arrivé au *Gong Show*. C'est Chuck Barris qui animait cette émission. Et l'autre Chuck ? Pas Chuck Barry. Chuck Woolery. Il animait *The Love Connection*. Il avait cette formule avant les publicités : « De retour dans deux plus deux ». Je me demande qui l'avait trouvée. C'était lui ou un producteur ? Connaissait-il seulement le chiffre « quatre » ? Alors je me mets à penser au chiffre quatre. De quatre je passe au karaté puis au karaoké. Et ainsi de suite.

Quand je me rends compte enfin que mon esprit vagabonde, j'essaie d'arrêter et de faire ce qu'il faut faire dans ces cas-là : se concentrer sur son troisième œil. Devinez quoi ? Je me mets à penser à ce que ce serait chouette d'avoir un troisième œil. Est-ce que je préférerais l'avoir en plein front ou derrière la tête ? Peut-être au-dessus de la tête ? Non, à cause de la pluie. Et si mes lèvres étaient des yeux ? J'aurais toujours plein de miettes dans les yeux, mais j'aurais aussi une très bonne vue sur ce que je mange. Juste au moment où je finis de dessiner mentalement une paire de lunettes pour mes lèvres-yeux, le professeur fait sonner le gong et je sursaute. J'allais même m'écrier : « Oh, mon Dieu ! », mais comme je suis futée, je crie plutôt : « Ohmmm ! » Je suis la seule à psalmodier mais les autres élèves se disent que je dois être vraiment calée en méditation. Le ohmmm finit par me calmer et je me sens en plein forme en sortant de la classe. Je suis en paix, détendue et de bonne humeur. Vous comprenez maintenant pourquoi j'aime tant méditer.

Sans parler de ma mémoire qui s'est je crois beaucoup améliorée. J'avais une mémoire affreuse. J'avais toujours du mal à replacer les gens – même les gens que je connaissais et qui avait été mes invités à la télé. Je pouvais passer des heures à parler à quelqu'un durant l'une ou l'autre de ces somptueuses fêtes hollywoo-diennes, et à la fin de la soirée quand Portia me deman-dait : « À qui parlais-tu ? », je répondais en haussant les épaules : « C'était soit Marcia Cross, soit Zac Efron. »

Ma mémoire est maintenant bien meilleure. Je vous en dirai plus dans un instant. Le téléphone sonne. Je reviens tout de suite.

# Méditation

# Sérieusement... je plaisante !

*Méditation*

Ahhhh. C'est reposant, n'est-ce pas ?

# Méditation guidée

⤳ ⤵

Commençons par prendre une position confortable. Assoyez-vous ou étendez-vous et fermez les yeux.

Par contre, si vous écoutez ce livre en conduisant, gardez les yeux ouverts et faites défiler en accéléré jusqu'au prochain chapitre.

Maintenant, respirez par le nez. Mmmmmm. Ça sent bon, j'espère ?

Maintenant, expirez par la bouche.

Si vous êtes dans un autobus bondé, excusez-vous à la personne dont le visage est juste devant vous.

Doucement, dites : « Je suis désolé si je vous ai soufflé dessus. »

Puis relaxez.

Sentez votre souffle monter et descendre à l'intérieur de votre corps.

Nous inhalons de l'énergie. Et nous exhalons du stress.

Inspirez la positivité et la lumière. Exhalez les pensées négatives comme les bouchons de circulation... les vols d'avions différés... le mauvais service dans les restaurants... les frustrations au boulot... les querelles avec votre conjoint ou conjointe, votre copain ou votre copine... les problèmes d'argent... la voiture qu'il a fallu faire remorquer... ou d'apprendre que vous faites une allergie au blé... ou de perdre un de vos bas favoris dans la sécheuse... ou la dépression.

Ne vous attardez pas sur ces choses que je viens de mentionner.

Dites adieu aux pensées négatives. Bye-bye.

Maintenant détendez vote esprit.

Vous êtes dans un pré. Un pré magnifique à l'herbe verte et sans aucune tique.

C'est un lieu paisible et silencieux. Écoutez le vent qui souffle sur ce pré.

L'entendez-vous ? Ça, c'était un avion. Tendez l'oreille. Écoutez les feuilles frémir et les serpents glisser. Non, non, pas les serpents. Il n'y a pas de serpents dans ce pré. Je n'aurais pas dû parler de serpents.

Ralentissez vos pensées. Plus lentement. Pensez à la vitesse à laquelle vous êtes forcé de rouler quand quelqu'un à bicyclette circule devant vous en pleine rue. Êtes-vous fâché ? Ne vous fâchez pas.

Aujourd'hui, il n'y a rien qui puisse vous fâcher. Aujourd'hui tout est paisible.

Commencez à planer au-dessus du pré. Hé ! Hé ! Incroyable. Vous volez. Avez-vous le vertige ? N'y pensez pas.

Visualisez votre portefeuille tombant de votre poche. Vous vous en balancez. Laissez votre portefeuille tomber.

Un inconnu aura vite fait d'empocher l'argent avant

de jeter le portefeuille aux poubelles. Laissez tomber. Vous n'avez pas besoin de cet argent.

Vous volez paisiblement au-dessus du pré.

En fin de compte, il y avait une tique mais elle ne vous a pas mordu. Vous êtes soulagée.

Sentez l'énergie qui vous entoure.

Maintenant vous volez au-dessus de l'eau. Il y a un ruisseau dans ce pré. Enfin, c'est peut-être un ruisselet. Ou même une rigole. Vous ne savez très bien faire la différence. Vous vous en foutez.

Visualisez simplement le ruisseau-rigole. Il sinue à travers le pré. Le soleil brille sur les rochers luisants qui affleurent. Ne pensez pas au danger qui vous guetterait s'il vous prenait l'envie de marcher sur ces rochers.

En approchant de l'eau, vous apercevez un pont. C'est le pont qui mène au bonheur.

À gauche du pont se trouve une cape. Oui, oui, une cape comme en portent les super héros. Mettez la cape.

Maintenant vous avez des pouvoirs magiques. Vous pouvez faire tout ce que vous voulez avec cette cape, sauf voler.

Plus vous approchez, plus vous réalisez que le pont tout entier est fait de chocolat noir.

Il est dangereux à traverser mais délicieux à manger.

Traversez prudemment le pont vers le bonheur. Ne laissez personne prendre votre cape. Elle est à vous.

Les gens essaieront de vous voler votre cape par jalousie, mais ne les laissez pas faire.

De l'autre côté du pont, on présente de vieux épisodes de l'émission *The Love Boat*.

Vous trouverez le bonheur dès que vous aurez traversé le pont de chocolat sous votre cape.

Soyez prudent et bonne chance.

# Petit conseils
## qui vous aideront peut-être
## mais probablement pas

- S'il y a un singe dans votre lit, n'essayez pas de le border.
- Il ne suffit pas de vous pencher sur votre chaise quand quelqu'un essaie de passer derrière vous. Vous devez aussi déplacer votre chaise.
- Si vous avez un noyau de cerise dans la bouche, ne cherchez pas, il n'y a aucun moyen de vous en débarrasser élégamment.
- Avant de tourner à droite dans une rue très animée, prenez garde aux amis imaginaires qui suivent les enfants sur le passage clouté.
- Tout le monde a meilleure mine en fuchsia.
- Si vous avez des portraits de vous-même sur tous les murs de votre maison, les gens vont croire que vous êtes vaniteux. Remplacez-les par des portraits de moi.

- Pour déplacer des objets lourds, je sais qu'on dit toujours de les soulever en se servant de ses jambes, mais je trouve beaucoup plus facile de les soulever en me servant de mes bras.
- Si vous avez l'œil qui saute, c'est signe que votre corps veut que vous fassiez un clin d'œil à la personne quelle qu'elle soit qui est assise en face de vous.
- Si vous n'aimez pas perdre, ne jouez pas à cache-cache avec un écureuil.
- Répondre à toutes les questions par : « C'est toi qui le dis, bouffi ! » peut devenir agaçant pour les autres.
- Lorsque quatre véhicules se présentent en même temps au carrefour, c'est le conducteur qui a les plus beaux yeux qui a le droit de passage.

# *American Idol*
## ou
## Si vous ne pouvez pas dire du bien de quelqu'un, ne dites rien

J e suis une véritable fan d'*American Idol* depuis le tout début. J'adore la musique. J'aime encourager les nouveaux talents. Et j'adore les pots-pourris de chansons sur les voitures Ford. C'est donc depuis toujours l'une de mes émissions favorites. Il se trouve, cependant, que j'y prends beaucoup plus de plaisir quand je me contente de la regarder en simple téléspectatrice.

Tout le monde me questionne sur mon expérience de juge sur *American Idol*. Les gens veulent savoir comment les choses se passent dans les coulisses, comment sont Ryan et Simon en réalité. Je peux dire ceci à leur sujet : Ryan est véritable bourreau de travail. Il n'arrête jamais. On ne le voit pas à la télé mais durant les pauses publicitaires il fait le tour de l'assistance pour vendre des produits de beauté Mary Kay. Quant à Simon, il ne faut pas toujours se fier à l'image. Je sais qu'il a un certain air à l'écran mais dans la vie – et là je ne veux pas vous choquer – il est complètement glabre.

Quand j'ai accepté de participer à l'émission, je croyais que ce serait une partie de plaisir parce que, pour commencer, j'aurais droit aux meilleurs sièges. On est vraiment au premier rang. On voit toute la compétition en direct au fur et à mesure qu'elle se déroule. On a droit à un nombre illimité de bouteilles d'eau vitaminée. Je ne pouvais pas me tromper.

Mais j'ai vite commencé à déchanter. Mon horaire était surchargé. La pression m'étouffait. Randy n'arrêtait pas de m'appeler « dude ». C'était très différent de ce que j'avais imaginé. Je suppose que s'il fallait résumer mon expérience en un seul mot, je dirais « plaisirficile ». J'ai eu beaucoup de plaisir, mais c'était difficile.

Pour vous donner une idée de mon emploi du temps durant *American Idol*, je peux vous décrire une journée typique de cette période. Normalement, j'enregistre mon talk-show à quatre heures chaque après-midi. J'ai toute la journée pour répéter et me préparer, puis j'enregistre l'émission d'une traite entre quatre et cinq heures. Un petit secret : l'émission est enregistrée une journée avant sa diffusion à la télé. Quand vous regardez mon talk-show, donc, disons le mercredi, en fait c'est mardi pour moi. Votre aujourd'hui est toujours mon demain et votre hier est mon aujourd'hui. Votre hier soir est mon ce soir et votre demain est mon surlendemain. Mais *American Idol* est toujours diffusé en direct. Je ne savais jamais quel jour c'était ni où diable j'étais rendue.

Pour satisfaire aux exigences d'*American Idol*, ce jour-là mon émission était enregistrée à deux heures trente au lieu de quatre heures. À trois heures trente, je sautais dans ma voiture pour me rendre aux studios d'*American Idol* à l'autre bout de la ville. C'était toujours très stressant. Il fallait que j'arrive à l'heure puisque l'émission était diffusée *live*. Heureusement, je me débrouille assez bien dans la circulation dense. Il s'agit de prendre les rues les moins passantes. Enfin, les rues... Disons les trottoirs les moins passants.

En arrivant aux studios d'*Idol*, je devais changer ma tenue de jour d'animatrice de talk-show (chic décontracté) pour une tenue de soirée aux heures de grande écoute (la robe de juge), avec coiffure et maquillage à l'avenant (perruque poudrée, yeux de biche sexy, etc.). Puis j'arrivais en courant sur le plateau pour l'émission de cinq heures. Tous les autres avaient un horaire aussi chargé, ce qui explique sans doute pourquoi Simon n'avait jamais le temps de boutonner sa chemise jusqu'en haut.

Mais peu importe mon horaire, la vérité est que je n'aime pas juger les gens et je n'aime pas leur faire de la peine. C'est cette partie de l'émission qui était la plus difficile pour moi. C'est facile chez soi dans son pyjama de critiquer les performances, mais une fois assise à la table des juges, à quelques mètres seulement de ces jeunes chanteurs qui mettent toute leur âme dans la compétition et qui vous fixent du regard en espérant que vous ayez quelque chose de gentil à dire pendant que Simon vous caresse la cuisse en dessous de la table, c'est plus difficile. Je me sentais terriblement mal de dire des choses négatives, alors je finissais parfois par dire « C'était super » quand en réalité je pensais « Hum... »

Je sais qu'il y a ce qu'on appelle la critique constructive, mais pour moi c'est encore critiquer. C'est critiquer avec des gants blancs. Mais ça reste blessant et je déteste ça. Je ne le fais pas à mon talk-show. Je ne le fais pas dans la vie. Je ne le fais, voilà.

L'une des raisons pour lesquelles je n'aimais pas critiquer les concurrents, c'est que dans l'esprit de plusieurs d'entre eux, *American Idol* représentait la fin du voyage. S'ils étaient éliminés, ils avaient l'impression que tout était fini. Mais ce n'est pas le cas. Au moins, en étant là, j'avais la chance de leur dire que la vie était loin de s'arrêter après *American Idol*. De fait, le lendemain je recevais chaque concurrent éliminé à mon talk-show pour les présenter à un nouveau public, et j'étais très heureuse de pouvoir le faire.

Cela s'applique à toutes les carrières et à tous nos choix de vie. Il s'agit toujours de continuer à avancer. Il y aura des virages et des lacets, vous devrez ralentir puis accélérer, mais la route continue. Quant à moi, j'ai fait un arrêt aux puits d'*American Idol*. C'était excitant et je suis reconnaissante de cette expérience. Mais j'ai décidé qu'il valait mieux passer à autre chose. J'ai sauté dans mon aéroglisseur et j'ai repris la route. J'ai maintenant ma propre maison de disques où je peux découvrir et faire fleurir de nouveaux talents et j'en retire beaucoup de satisfaction.

Je suis restée une fan d'*American Idol*. J'écoute l'émission chaque semaine. Les juges sont parfaits. Randy est là depuis le commencement. Il a de l'expérience et il est honnête. Il y a la splendide diva avec ses longs cheveux, ses bijoux et son superbe mascara. Et il y a Jennifer Lopez, qui n'est pas mal non plus. J'adore les regarder, et j'aime bien mieux le faire avec Portia, à la maison. La seule chose qu'il me reste à juger, c'est la cuisine de Portia. (Je plaisante ! C'est toujours délicieux !)

# La moindre politesse

ꙩ ꙩ

J e ne suis jamais en retard. J'ai plutôt l'habitude d'être en avance. C'est en partie parce que je crois qu'il faut respecter le temps des autres et en partie parce que j'ai oublié de reculer l'heure de ma montre quand je suis revenue d'Europe un été. Un étude très scientifique que j'ai menée récemment auprès de mes amis, parents et réparateurs du câble, a démontré cette grande vérité : la plupart des gens sont toujours en retard.

Je ne sais pas quand il est devenu socialement acceptable d'être en retard. Je suppose que la personne qui a forgé l'expression « avoir juste ce qu'il faut de retard » y est pour quelque chose. Quelle terrible expression ! Je ne sais pas qui l'a inventée mais d'évidence c'est quelqu'un qui était assez intelligent pour faire croire aux gens qu'une chose inacceptable pouvait l'être « juste ce qu'il faut ». Je parie que c'est la même personne qui a inventé la jupe-culotte.

Je me souviens du jour où Portia et moi avions invité un couple à dîner qui est arrivé avec deux heures de retard. Vous avez bien lu : deux heures ! Cent vingt minutes. Sept mille deux cents secondes de retard.

Nous leur avions dit d'arriver à sept heures et ils sont arrivés à neuf heures. Quand ils ont finalement montré leur nez, il ne restait plus de bois de chauffage, les chandelles avaient brûlé et j'étais Saoule avec S majuscule. Pour être honnête, j'étais saoule depuis 4 h 30, mais ça ne change rien.

Si quelqu'un m'invite à dîner à 7 h du soir, j'arrive à midi. S'ils ne sont pas prêts à me recevoir, je passe le temps en fouillant dans leur pharmacie. Je ne voudrais jamais être en retard parce que je sais que la soirée en serait toute chamboulée. Tout le monde organise ses soirées de la même manière. Vous demandez aux gens d'arriver à 7 heures. Vers 7 heures, 7 heures et quart, les gens commencent à arriver. Il y a environ dix-huit à vingt minutes de bavardage, on sert les amuse-gueules, puis on se met à table à 7 h 45. On mange pendant une heure environ en buvant un magnum ou deux de Chablis, on parle de politique ou de *Look Who's Talking* (en comparant le premier au deuxième) et à 9 h on se met à bâiller pour faire comprendre aux invités qu'il est temps d'aller chercher leurs manteaux. Quand les gens arrivent à 9 h, tout est repoussé beaucoup trop tard. À l'heure du dessert, j'étais prête à me mettre au lit. Littéralement. J'avais allumé ma veilleuse et enlevé tous mes vêtements.

Il peut arriver que les gens soient en retard, je sais. Je peux comprendre quelqu'un qui arrive avec dix ou quinze minutes de retard. Mais avec une heure de retard, vous avez intérêt à avoir une très bonne excuse, genre j'ai accouché en cours de route. Et si vous avez plus d'une heure de retard, vous êtes mieux d'avoir apporté un litre.

Ce que j'ai découvert, c'est que les gens n'ont plus la moindre politesse. Combien de fois avez-vous tenu la porte ouverte pour quelqu'un qui est ensuite entré sans même se donner la peine de vous dire merci ? Combien de fois, en voiture, avez-vous laissé quelqu'un passer devant vous sans même recevoir en retour le petit salut de courtoisie ? Qui d'entre nous n'a pas fait monter un vagabond dans sa voiture pour ensuite se faire voler tout l'argent de son portefeuille alors qu'on croyait qu'il cherchait de la gomme à mâcher ? Nous sommes tous passés par là.

Non seulement les gens sont-ils impolis mais ils n'ont plus de pudeur. J'ai dû fréquenter les toilettes publiques récemment parce que la toilette mobile qui fait partie de mon cortège habituel était en réparation. Or la personne dans la cabine voisine parlait au téléphone. Dans la cabine. En public. Pas la moindre réserve. D'un côté, j'étais contente pour elle parce que j'ai appris que son fils était sur la liste des meilleurs élèves et que son mari venait d'avoir une promotion. D'un autre côté, je n'avais pas besoin de savoir qu'elle s'était fait une plaie de frottement en roulant à bicyclette.

Quand j'étais petite, on ne pouvait pas amener son téléphone partout avec soi parce qu'il était attaché au mur de la cuisine. Quand vous étiez au téléphone, vous étiez là uniquement parce que vous ne pouviez pas faire autre chose sauf peut-être feuilleter distraitement un livre de recettes ou fouiller dans un tiroir fourre-tout plein de vieux sous noirs. Vous ne pouviez même pas vous pencher pour lacer vos souliers parce que vous risquiez d'être étranglée par deux mètres de cordon.

Maintenant que le téléphone nous suit partout, les gens peuvent avoir des conversations privées tout en étant complètement distraits. Vous arrive-t-il parfois de parler à quelqu'un qui de toute évidence ne porte pas attention à ce que vous dites ? Il fait semblant d'écouter en répondant toutes les deux secondes par un : « Hum, hum. Vraiment ? Super ! » Et vous restez là à vous demander ce qu'il y a de super dans votre rhume de cerveau.

C'est fou mais les gens ne se rendent pas compte qu'on entend très bien tous les bruits de fond quand ils nous parlent au téléphone. Je sais que vous regardez la télé parce que j'entends Anderson Cooper derrière vous et je sais qu'il n'est pas votre coloc. Je sais que vous êtes au supermarché parce que j'ai entendu que les raisins étaient à moitié prix. Je sais que vous êtes au gym parce que quelqu'un vient de crier « il faut que ça brûle ». Enfin, j'espère que vous êtes au gym.

Tout le monde essaie de faire trente-six choses à la fois. J'ai vu un jour une femme qui parlait au téléphone tout en appliquant son mascara, en lisant le journal, en textant et en tweetant en même temps. Je suis allée la voir et j'ai dit : « Hé ! Il faut tâcher de se concentrer. Vous êtes ma thérapeute. »

Tout ce que j'essaie de dire, c'est que la politesse semble avoir complètement disparu de nos jours. Dans les années cinquante, les gens étaient beaucoup plus polis. Wally et Beaver n'étaient jamais en retard. Quand Lassy sauvait Timmy qui était tombé au fond d'un puits, Timmy lui envoyait un mot de remerciement écrit à la main avec un certificat cadeau de chez Denny's. *Don't Be Cruel* (*Ne sois pas cruel*) fut l'un des grands tubes de la décennie. *Be-Bop-A-Lula* est une autre chanson qui eut beaucoup de succès. (Ça n'a rien à voir avec la politesse mais j'ai cru que vous aimeriez le savoir.)

Je ne dis pas qu'on devrait retourner à cette époque. La plupart des femmes portaient un corset et je ne crois qu'on ait besoin de revivre cette situation. Je dis seulement que nous aurions tous avantage à soigner nos manières. Nous pouvons tous dire merci et s'il vous plaît. Nous pouvons tous être ponctuels. Nous pouvons tous être plus gentils les uns envers les autres. C'est une chose qui est en notre pouvoir. Cela me rappelle cette phrase de Margaret Mead : « Ne doutez jamais du fait qu'un petit nombre de personnes déterminées peut changer le monde. De fait, c'est la seule chose qui puisse le changer. » C'était soit Margaret Mead, soit mon horoscope dans le dernier numéro de *La fermière d'aujourd'hui*. Enfin, vous voyez ce que je veux dire. Soyez gentils et soyez à l'heure.

S'il vous plaît.

Merci.

# Le sauna

≫ ≪

S uer est l'une des meilleures choses qu'on puisse
faire pour soigner le corps et l'esprit. C'est pourquoi
je porte toujours d'épais sous-vêtements en mousse
mémoire. C'est aussi pourquoi j'écris ceci dans un sauna.
Pour m'aider à relaxer, à éliminer les toxines de mon
corps et à faire le vide dans mon esprit. Il faut que ça
déménage !

Il fait très chaud là-dedans. Je sais qu'il faut suer
mais je ne sais pas si je devrais suer autant. Il y a des
petites mares d'eau qui sont en train de se former dans
les plis de ma robe. Je devrais sans doute ôter ma robe
mais je suis trop gênée pour me montrer nue devant des
inconnues. Malheureusement, ce n'est pas le cas de la
plupart des femmes qui sont au spa aujourd'hui. On
dirait une colonie de nudistes. Je n'ai jamais été dans
une colonie de nudistes mais j'imagine que ce doit être
semblable. Beaucoup de gens nus qui se plient et qui
s'étirent comme s'ils allaient piquer un cent mètres.

Maintenant j'ai les yeux qui piquent. Pas à cause des
gens nus. Peut-être un peu à cause des gens nus. Mais
surtout à cause de la chaleur. Il doit faire cinq cent

degrés dans ce sauna. Une fois, quand j'étais petite, je me suis fourré la tête dans le four de la cuisinière parce que je voulais bronzer. Il fait beaucoup plus chaud ici que dans la cuisinière. Ici, c'est plus près de la surface du soleil ou de l'intérieur d'un piment farci à la « tex-mex ».

Les saunas sont censés faire des miracles pour la peau. C'est ce que mon esthéticienne sur *American Idol* m'a dit. Et je viens d'apprendre à *Jeopardy!* que la peau est le plus grand organe du corps humain. Au début, quand Alex Trebek a dit : « C'est le plus grand organe du corps humain », j'ai crié : « Jambe ! » Bien sûr, je plaisantais. En fait, j'étais sérieuse mais comme tout le monde a ri autour de moi j'ai fait semblant que je plaisantais. C'est un truc dont je me sers parfois après avoir dit une bêtise quand je me rends compte que tout le monde rit comme si c'était une blague. Ils disent : « Ellen, tu es trop drôle. » Et je réponds : « Ouais ! Je vous ai bien eus ! » Puis j'essaie de changer de sujet au plus vite.

Je me suis peut-être assise trop près de la source de chaleur. Même mes sourcils transpirent. Si seulement j'avais quelque chose à boire. J'adore l'eau de concombre qu'on trouve dans les spas. C'est tellement rafraîchissant. On dirait un minispa pour la bouche. C'est étonnant que l'eau de concombre ait si meilleur goût que le jus de cornichon, étant donné qu'ils viennent de la même source. J'aime bien les cornichons, vous savez. Seulement, après un massage, je préfère de beaucoup le goût léger de l'eau de concombre au goût plus salé du jus de cornichon. Tandis qu'après une longue journée de travail, il m'arrive de m'installer devant la télé avec un grand verre de jus de cornichon.

Je ne sais plus ce que je dis. Je ne boirais jamais un verre de jus de cornichon. C'est un mensonge. Je crois que la chaleur me fait délirer. La bonne nouvelle, si jamais je perds connaissance, c'est que je porte une robe, des shorts et un t-shirt au-dessus de mon collant lycra. La mauvaise nouv

# Réponses à quelques questions susceptibles de vous être posées

Oui.

Oui.

Oui.

Une fois au secondaire.

Trois fois dans la vingtaine.

Avec glace, sans sel.

Oui.

Quatre.

Jamais. Comment osez-vous !?

Merci, pas d'autres questions !

# Étiquettes

～ ～

Malheureusement, les gens ont souvent tendance à m'étiqueter. On m'a déjà collé l'étiquette d' « animatrice de talk-show homosexuelle », de « végétarienne protectrice des animaux » et de « plus grande star de la danse que le monde ait jamais connu ». Je me souviens qu'à l'époque où je suis devenue cover-girl, les gens ont commencé à m'étiqueter comme « superbe mannequin blonde au visage de rêve », après quoi ils ont cessé de me prendre au sérieux. J'ai été très blessée. Très blessée.

Le problème avec les étiquettes, c'est qu'elles conduisent à des stéréotypes, or les stéréotypes mènent aux généralisations et les généralisations conduisent aux présomptions et les présomptions ramènent droit aux stéréotypes. C'est un cercle vicieux dont on fait le tour encore et encore jusqu'au jour où l'on tient pour vrai que toutes les végétariennes ne mangent que du chou et que tous les gays aiment les comédies musicales. (Soit dit en passant, je trouve que les comédies musicales sont totalement irréalistes. Si je me tournais soudain vers Portia en me mettant à chanter parce qu'il n'y a plus de jus d'orange, je ne pense pas que sa première réaction serait de m'accompagner. Je crois plutôt qu'elle serait troublée et même un peu inquiète.)

Évidemment, il faut bien que les stéréotypes aient une origine. Il y a des similarités chez certains groupes de personnes, mais il est dangereux d'en conclure que tous les stéréotypes sont justes. On ne peut pas dire que tous les new-yorkais sont malpolis ni que tous les californiens sont des hippies. On ne peut pas dire que toutes les blondes sont idiotes ni que tous les hommes blancs ne savent pas sauter. On ne peut pas dire que tous les riches sont snobs ni que toutes les célébrités sont égoïstes et narcissiques. C'est faux, tout simplement.

Mais revenons à moi une seconde. Je sais qu'il y a bien des stéréotypes qui sont associés à l'homosexualité. Toutefois, je n'en étais pas pleinement consciente jusqu'à ce qu'une femme me demande dernièrement combien j'avais de chats. Quand je lui ai dit que j'en avais trois, elle a répondu : « Oh, vous êtes une vraie lesbienne ! »

Sur le coup, je me suis dit : Oui, je suis une vraie lesbienne. Voilà, il n'y a plus de secret. Puis j'ai pensé : Quoi ? D'où vient ce stéréotype ? Je croyais que les gens qui avaient beaucoup de chats étaient des femmes célibataires et solitaires. Mais non. Vous voyez ? C'est un autre stéréotype.

J'ai aussi été étonnée par son commentaire. En quoi le nombre de chats que vous avez fait-il de vous une lesbienne ? Et pourquoi le nombre trois est-il celui des lesbiennes ? Est-ce que d'avoir deux chats ferait de moi une hétérosexuelle ? Est-ce que d'en avoir quatre me rendrait super lesbienne ? Pour ceux qui seraient tentés de croire le contraire, je veux qu'il soit bien clair ici que le nombre de chats que vous possédez ne fait pas de vous une lesbienne.

Il y a d'autres caractéristiques qui peuvent mieux vous définir en tant que lesbienne.

Quand elle m'a fait cette remarque, cela m'a rappelé le temps où je suis sortie du placard. À l'époque, il y avait des groupes extrémistes qui considéraient que je n'étais pas assez gay. Il y avait d'autres groupes de gens qui trouvaient que j'étais trop gay. Je n'aurais pas cru qu'en annonçant publiquement que j'étais gay, il faudrait aussi que je précise à quel point je l'étais. Qu'est-ce que ça change ? Qu'est ce que ça signifie ? Tout ce que je peux dire, c'est que je suis assez gay pour moi.

C'est pour cela que je considère les stéréotypes et les étiquettes comme si dommageables. À partir de quelques petits mots, les gens se font toutes sortes d'idées préconçues sur ce que vous êtes et ce que vous devriez être. Je crois qu'il est important d'apprendre à connaître quelqu'un avant de passer aux généralisations. Et pour cela il suffit simplement de leur parler, de poser quelques questions ou de lire leur journal intime.

Malgré toutes les étiquettes, je ne suis pas très différente de la plupart des gens sous la plupart des rapports. Je suppose que s'il fallait absolument me mettre une étiquette, on pourrait dire que je suis la fille d'à côté. Enfin, peut-être pas juste à côté. Je suis la fille qui habite deux portes plus loin.

# Pour les enfants – première partie

❧ ❧

L' une des choses que je préfère au sujet de mon talk-show, c'est le fait qu'il attire des téléspectateurs de tous les âges, des tout petits enfants jusqu'aux arrière-arrière-grands-parents. Mon émission plaît à tout le monde, un peu comme un parc d'amusement ou une boîte de striptease qui offrirait une service de garderie.

Croyez-le ou non, j'ai de nombreux fans parmi les tout-petits. J'ai toujours cru que c'était mon sens de la répartie comique qui les impressionnait mais il se trouve tout simplement qu'ils aiment me voir danser.

Je suis ravie que les enfants aiment mon talk-show. Je suis tellement ravie que je vais leur consacrer le présent chapitre. Vous trouverez donc dans les pages suivantes quelques images de trucs marrants que vos enfants pourront colorier à leur guise. C'est comme un album à colorier ! Mais c'est encore mieux parce que c'est mon livre ! Libre à vous de colorier vous-même. Vous connaissez le vieil adage : « On n'est jamais trop vieille pour s'amuser. On est seulement trop vieille pour les jeans taille basse. »

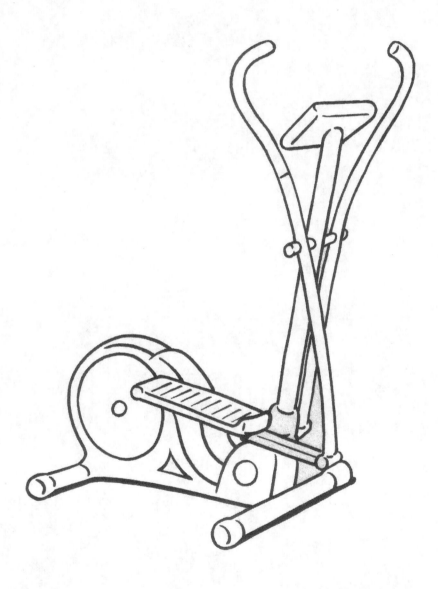

# Pour les enfants – deuxième partie

❧ ❧

S'il est une chose que je sais au sujet des enfants, c'est qu'ils ont bien du mal à comprendre la signification de l'expression « inestimable Wharol ».

S'il est une autre chose que je sais, c'est qu'ils adorent entendre une bonne histoire. S'il n'en tenait qu'à eux, les enfants vous obligeraient à leur lire le même livre cinq cent fois d'affilée. Ils peuvent être assez contrariants les jours où vous décidez de leur lire *Guerre et paix*.

Le problème, quand vous devez lire le même livre plusieurs fois d'affilée, c'est que vous finissez par vous ennuyer royalement. C'est là encore une fois que Tante Ellen vient à votre rescousse. J'ai donc écrit pour vous une petite histoire que votre enfant voudra entendre très, très, très souvent. La bonne nouvelle, c'est que vous aussi ! Les parties de l'histoire qui s'adressent aux parents se trouvent entre parenthèses. Prenez donc garde de ne pas lire ces passages à voix haute.

Allez, les enfants, en pyjama ! Et bonne lecture !

*Les aventures continuellement exaltantes*
*d'une très jolie princesse*
par ELLEN DeGENERES

Il était une fois dans une lointaine contrée une très jolie princesse du nom d'Isabelle. Elle avait de longs cheveux blonds ondulés (des extensions) et portait un diadème au-dessus de son front. On la taquinait souvent au sujet de son diadème parce qu'elle ne l'enlevait jamais – ni pour déjeuner ni pour aller nager dans le lagon (ni pour sortir avec des inconnus rencontrés sur *Craigslist*).

Plusieurs citadins trouvaient que le roi et la reine avaient une drôle de fille mais en vérité Isabelle se moquait de ce que les gens pouvaient penser. C'était un esprit libre. (Et elle avait couché avec beaucoup d'hommes plus âgés.)

Le roi souhaitait que la princesse Isabelle épouse un riche prince qui habitait dans la ville voisine. Mais la princesse ne souhaitait pas marier le prince parce qu'elle voulait voir le monde avant de se caser, ce qui dans son esprit signifiait qu'elle voulait faire les quatre cents coups à la fois sexuellement et avec la drogue illégale ecstasy –

Oh non, je suis désolée ! C'était censé être entre parenthèses. J'espère que vous n'avez pas lu ce passage à voix haute à vos enfants. Je suis vraiment navrée !

Le roi et la reine furent tous deux choqués d'apprendre que leur fille ne voulait pas marier le prince, car toutes les jeunes filles du pays lui enviaient cette chance. Mais Isabelle était intraitable et le roi dut annuler le mariage.

La princesse était folle de joie. Elle s'empressa de remplir son sac à dos puis elle s'embarqua dans un long et merveilleux voyage autour du monde. (Premier étape : Amsterdam, où elle se fit tatouer et se mit à faire de l'impro.)

Elle voyagea sur tous les continents. (Je pense qu'il y en a onze ?) Un jour où elle déambulait dans les rues de Londres, un coup de vent lui arracha son diadème. Elle se précipita dans la rue pour le ramasser juste au moment où une voiture passait. Le conducteur freina si fort que tout le monde sur la rue s'arrêta pour regarder.

Soudain le conducteur sortit de sa voiture. Isabelle n'en croyait pas ses beaux grands yeux (verres de contact teintés) bleus. C'était le prince.

Isabelle n'aurait su dire pourquoi mais elle était contente de le voir, et lui pareillement. Il pris le diadème par terre et le posa sur son front. (En fait, puisqu'il l'avait écrasé avec sa voiture, il ne restait plus que quelques morceaux qu'il empila sur sa tête.) Il lui expliqua que lui aussi désirait voir le monde et vivre sa vie. Mais le hasard avait voulu qu'ils se rencontrent. Ils s'embrassèrent.

(De retour au pays, ils se marièrent environ un an plus tard. Isabelle accoucha d'une ribambelle d'enfants au cours de la décennie qui suivit. Elle continuait de porter son diadème à l'extérieur de la maison, ce qui lui valut la réputation d'être complètement cinglée, et elle garda ses cheveux longs jusque dans la soixantaine.

Après la mort du père du prince, la reine emménagea avec eux, ce qui créa des tensions dans le couple. Ils sont passés au travers mais il y eut des moments difficiles. Ils ont eu des problèmes d'argent comme n'importe quel couple. Quelques-uns de leurs enfants n'étaient pas très futés. Ils se demandaient parfois chacun de son côté s'ils étaient faits pour vivre ensemble, même si c'était apparemment le destin qui les avait réunis ce jour-là dans les rues de Londres. Et puis, peut-être que si elle ne portait pas toujours ce diadème, le vent ne l'aurait pas emporté ce jour-là et ils ne se seraient jamais rencontrés. C'est le genre de questions qui resteront toujours sans réponse.)

Et ils vécurent heureux (pas vraiment) et eurent beaucoup d'enfants.

# Parler

Quand j'ai accepté d'animer mon propre talk-show à la télévision, il y a certaines choses que je n'avais pas prévues. Premièrement, je ne pensais pas que, durant les trois premiers mois, je ferais un rêve récurrent dans lequel Maury Povich m'invite à son émission pour m'apprendre que Phil Donohue est mon père biologique. Deuxièmement, je n'avais pas idée qu'il fallait parler à ce point. Juste ciel, ce qu'on a de la conversation ! Je suppose que le nom le dit : talk-show *host*, mais au début je préférais me concentrer sur mon rôle d'hôtesse. J'achetais de jolies chandelles pour orner les loges de mes invités. Je prenais soin que l'éclairage soit parfait. Il y avait du champagne et des fraises fraîches dans toutes les pièces. J'offrais même des sous-vêtements soyeux à mes invités au cas où ils voudraient se mettre à leur aise. Bien sûr, plusieurs d'entre eux ont cru que je les draguais et c'est de ma faute.

Je n'avais tout simplement pas réalisé qu'il faudrait tant parler. Et ce n'est pas le genre de travail dont on peut s'absenter aisément. Croyez-moi, j'ai essayé. Le studio répond toujours, genre : « Tu t'es engagée par contrat à être là chaque jour, bla bla bla... »

C'est beaucoup de pression. Il se trouve que si j'arrête de parler, l'émission s'arrête aussi sec. Même chose avec ce livre. Si je n'écris pas, il ne se passe plus rien.

Vous voyez ce que je veux dire ? C'est beaucoup de pression.

Et il n'y a pas que parler, il faut aussi que j'écoute ! Quand je pose une question à mon invité, je ne sais pas ce qu'il va répondre, alors il faut que je sois vraiment attentive. Dans la vie, quand je pose une question à quelqu'un, je peux hocher la tête et faire semblant d'écouter même si en réalité je suis en train de penser à ce que ce serait chouette si mon chat pouvait jouer du ukulélé. Mais si je mets à rêvasser durant mon émission, je suis « impolie » envers « Julia Roberts ».

Ne vous méprenez pas : j'adore mon métier, mais laissez-moi vous détailler exactement la quantité de paroles qu'il faut prononcer. Chaque jour je commence l'émission par un monologue. Le monologue est pure parlotte sauf quand je chante, car quand on a une voix comme la mienne c'est un crime de ne pas en faire profiter les autres. Puis je m'assois et je discute avec mon DJ. Bavardage. Ensuite je raconte au public ce qui arrive dans ma vie. J'adore m'adresser au public. Au fil des neuf dernières années, je crois qu'il s'est noué une véritable relation entre moi et mon public. C'est le genre de relations où c'est toujours la même personne qui parle et chacun mange de son côté, mais ça nous convient.

Après avoir parlé au public, on passe aux publicités et j'en profite pour parler à mes producteurs. Ils me disent des trucs comme : « Tu es superbe » et « c'était tellement drôle quand tu as dit [INSÉRER BONNE BLAGUE ICI] ». Ils ne sont pas forcés de me complimenter, vous savez, mais chaque fois qu'ils le font ils sont inscrits à un concours où le gagnant remporte de jolis prix. Après les publicités, je parle à mes invités. J'aime bien parler à mes invités. J'ai eu le privilège d'interviewer des gens absolument incroyables : des acteurs, des musiciens et quelques-unes des personnes les influentes au monde comme le président des États-Unis et Justin Bieber.

Mais soyons clair. Ce ne sont pas tous mes invités qui ont la conversation facile. La plupart, si. Ils ont de bonnes histoires à raconter et débordent d'énergie. On s'amuse bien. On danse ensemble, on bavarde, on boit un coup. Mais il arrive parfois qu'un de mes invités soit plus difficile à interviewer. Bien sûr, je ne peux nommer personne. Enfin, j'en nommerai un : Harry Connick Jr. C'est comme si je parlais à un mur. Il est impossible et j'en ai assez de faire semblant !

Cette partie de l'émission, où je rencontre mes invités et leur fait la conversation, c'est un peu comme assister à un cocktail avec des personnes que vous avez déjà rencontrées une fois ou deux. Vous allez pour saluer quelqu'un mais vous ne savez pas s'il faut lui serrer la main, lui faire l'accolade ou l'embrasser, et vous finissez par lui donner une drôle de combinaison moitié poignée de main, moitié-bisou-raté-parce-que-j'ai-tourné-la-tête-au-dernier-moment-et-il-a-failli-m'embrasser-sur-la-bouche !

Dès que mon invité s'est assis, j'essaie de trouver à le complimenter. Je dis : « Vous avez l'air en pleine forme » ou : « Je suis heureuse de vous voir, il y a long-temps que je voulais vous rencontrer. » Ce à quoi l'invité répond : « Merci, vous avez bonne mine aussi » ou : « Nous nous sommes déjà rencontrés. »

Puis ils se lancent dans leurs histoires personnelles.

Au fil des ans, j'ai noté quelques similitudes dans la manière dont ils racontent ces histoires. Premièrement, je peux deviner le plaisir que je vais prendre à écouter une histoire juste à la façon dont elle commence. Quand l'histoire commence par : « Attendez que je vous parle de ma nouvelle étagère de douche », je n'ai pas besoin d'entendre la suite. Mais quand elle commence par : « J'ai survécu treize ans dans la jungle en mangeant uniquement des baies et des chardons », je suis preneuse.

J'ai aussi remarqué que lorsque les gens disent : « Vous ne me croirez pas, mais… », je les crois la plupart du temps. Et quand les gens disent : « Enfin bref », ils le disent toujours soit au bout de quinze minutes d'un récit incroyablement long et ennuyeux, soit en plein milieu de ce qui aurait pu s'avérer une très bonne histoire, par exemple : « Nous avons pris le petit déjeuner sur le pont, comme chaque matin... Enfin bref, je ne suis plus le bienvenu au Mexique. »

De toute évidence, c'est mon boulot de voir à ce que la conversation se déroule bien dans une atmosphère enjouée et optimiste. J'ai donc appris à éviter certaines questions. Si vous décidez d'animer votre propre talk-show un jour – et je vous encourage fortement à le faire – voici quelques questions à ne pas poser à vos invités :

1. Quel âge avez-vous vraiment ?

2. Et ce tatouage, où est-il exactement ?

3. Et ce piercing, où est-il exactement ?

4. Quel histoire fascinante ! Dites-m'en davantage sur votre ceinture.

5. Pourrait-on voir d'autres photos de votre femme en train d'accoucher dans la baignoire ?

J'aime sincèrement ce que je fais. J'aime rencontrer de nouvelles personnes chaque jour, j'aime présenter de nouveaux talents à mon public, j'aime aider les gens. Ce n'est pas comme si j'avais rêvé de devenir mime. D'abord, ils mettent beaucoup trop de fard.

# Le pour et le contre

≈ ≈

Levez la main si vous avez du mal à prendre des décisions. Vous savez quoi ? Je viens de me rendre compte que je ne peux pas vous voir. C'est un livre ! J'aimerais pouvoir vous voir. Enfin peut-être pas tous. Je ne sais pas où vous êtes ni dans quelle circonstance vous lisez ce livre. Si vous êtes assis sur un banc dans un joli parc, peut-être au Colorado au milieu de l'été, j'aimerais beaucoup pouvoir vous voir. Le Colorado est magnifique en été.

Ou si vous êtes assis au coin du feu, près d'une large fenêtre qui donne sur un champ couvert de neige, peut-être quelque part au Colorado au milieu de l'hiver, j'aimerais aussi beaucoup pouvoir vous voir. Le Colorado est magnifique en hiver.

J'aimerais vous voir même si vous n'êtes pas au Colorado. Mais il y a des gens qui lisent dans leur bain et dans ce cas-là je préfère ne pas pouvoir vous voir. Sauf si c'est au Colorado en automne et qu'on a droit à une vue imprenable de la forêt coloradienne depuis votre baignoire. Dans ce cas, peut-être.

Parce que je ne peux pas vous voir, je vais tenir pour

acquis que plusieurs d'entre vous ont du mal à prendre des décisions. J'ai parfois beaucoup de difficulté à me décider et j'aime à croire que mes lecteurs et moi avons beaucoup de choses en commun. (Qui d'autre ici considère qu'un verre de vin équivaut à une portion de fruits ? Moi aussi !)

Durant ma carrière, j'ai dû prendre plusieurs décisions difficiles, dont certaines qui ont changé le cours de ma vie. À cause des blagues que j'avais choisi de conter lors de ma toute première apparition à l'émission de Johnny Carson, Johnny m'a invitée à venir m'asseoir à ses côtés, et tout changé à partir de là. (La décision de porter une coupe de cheveux de style *mullet* avec une frange devant et des pantalons à la McHammer était plus discutable.)

Au contraire de moi, bien des gens n'ont pas de difficulté à prendre des décisions. Ils savent ce qu'ils veulent et se décident rapidement. J'appelle ces gens des « décideurs rapides ». Par contre, d'autres personnes ont beaucoup, beaucoup de difficulté à se décider. Elles hésitent pendant des jours, des mois ou même des années avant de trancher. J'appelle ces personnes « fatigantes ». Le fait est que les « décideurs rapides » se retrouvent souvent coincés derrière des personnes dites « fatigantes » dans n'importe quelle queue ou file d'attente.

Chaque fois que j'ai une décision importante à prendre, je dresse une liste du pour et du contre. Ainsi je peux voir d'un seul coup d'œil tous les avantages et désavantages et j'arrive ainsi à la meilleure décision possible. Je le recommande à tout le monde. Vous ne savez pas si vous devez quitter votre emploi en ville et déménager à la campagne ? Faites la liste. Vous ne savez pas si vous devez faire un gros mariage coûteux ou vous enfuir tous les deux ? Faites la liste. Vous hésitez entre acheter une nouvelle voiture haut de gamme ou payer les frais de scolarité de vos enfants ? Faites la liste.

Pour vous montrer à quel point il peut être utile de peser le pour et le contre, j'ai moi-même dressé une liste pesant le pour et le contre des listes censées peser le pour et le contre. Voyez vous-même et décidez ensuite si ce type de listes vous convient.

# *Le pour et le contre des listes pesant le pour et le contre*

## POUR

- Vous aident à prendre des décisions éclairées.

- Vous donnent l'impression d'être organisé et maître de votre vie.

- Vous permettent de retarder le moment où vous aurez vraiment à vous décider.

- Vous aurez peut-être l'idée de dresser cette liste à bord d'un avion alors que vous serez assis aux côtés d'une très jolie personne. Vous sortirez une feuille de papier et réaliserez alors que vous n'avez pas de stylo. Vous demanderez donc à cette personne si il ou elle peut vous prêter un outil d'écriture, point de départ d'une longue discussion sur les beautés de Paris au printemps. Vous tomberez amoureux l'un de l'autre, vous marierez et vivrez heureux dans une grande maison tout en nuages.

- Les listes sont amusantes.

## *Le pour et le contre des listes pesant le pour et le contre*

---

## CONTRE

- Vous forcent à prendre des décisions éclairées par suite desquelles vous n'aurez plus la chance de dire ce genre de choses : « Je ne sais pas pourquoi j'ai payé dix mille dollars pour cette cuiller antique. Quelle tête de linotte ! »

- Vous privent d'un temps qui aurait été mieux employé à dormir ou à vous exercer aux jeux vidéos.

- Vous privent du temps qu'il faut pour prendre les décisions elles-mêmes.

-                                Peut être difficile de fixer la marge.

- Vous aurez peut-être l'idée de faire cette liste à bord d'un avion alors que vous serez assis aux côtés d'une très jolie personne. Vous sortirez une feuille de papier et fouillerez dans votre sac pour trouver un stylo. En le trouvant, vous vous écrierez : « Trouvé ! » et lèverez les bras au ciel, faisant basculer le plateau de la jolie personne à vos côtés. Sa bouteille d'eau sera projetée en l'air et l'eau giclera sur elle, sur vous et sur l'agent de bord qui se trouvait à passer. Tout le monde autour de vous sera très contrarié et vous devrez rester là sans broncher pendant les six heures de vol restantes, et vous n'épouserez pas le ou la belle inconnue qui était votre compagnon de vol, ce à quoi vous rêviez pourtant depuis l'âge de six ans.

- Qu'est-ce que j'essayais de décider ?

# Mercis additionnels

֎ ֍

Je viens juste de penser à quelques personnes que j'aurais dû inclure dans mes remerciements. Deepak Chopra ; Madame Grady, qui fut ma maîtresse de troisième année ; les New Orleans Saints ; mes chats Charlie, George et Chairman, qui se regardent en chiens de faïence, et mes chiens Wolf et Mabel, qui ont d'autres chats à fouetter ; tout le monde à la Nasa ; Kate Middleton ; et le gentil monsieur au supermarché qui m'a laissé passer devant lui parce que j'avais un seul article. Merci.

# Bébés, animaux
# et bébés animaux

～ ～

Les gens nous demandent constamment, à Portia et moi, si nous désirons un jour avoir des enfants. Si vous êtes l'une de ces personnes qui veulent connaître la réponse à cette question, avant de m'accoster dans la rue, de m'envoyer un courriel ou de me remettre la monnaie au supermarché, je peux vous dire tout de suite que nous n'aurons pas d'enfants. Nous y avons pensé. Nous adorons les enfants. Nous aimons être entourées d'enfants pourvu qu'ils soient déjà lavés et nourris. Mais nous avons fini par décider de ne pas avoir nos propres enfants. Il y a beaucoup trop de verre à la maison.

Il y a quelques années, dans un sondage mené sur l'Internet, Portia et moi avons été nommées le couple de célébrités à qui les parents auraient le plus de facilité à confier leurs enfants. C'était flatteur, mais avant que les gens se mettent à laisser leurs enfants devant la porte comme si c'était une garderie, laissez-moi vous dire le peu de choses que je sais à leur sujet. Je sais par quel bout on les nourrit. Je sais différencier le haut et le bas. Je sais aussi faire la différence entre le devant et le derrière chez les garçons. Et je sais qu'à la naissance ils sont gluants et lancent de drôles de bêlements. Mais là je pense peut-être aux bébés chèvres.

Tout le monde le dit, et ce doit être parce que c'est vrai : être parent est le plus dur métier du monde. Je ne vois personne sur la planète qui ait un métier plus difficile, sauf peut-être celui qui colle les faux diamants sur les chaussures des poupées. Il faut avoir le compas dans l'œil.

Portia et moi avons beaucoup appris sur l'art d'être parents en côtoyant notre nièce Eva ainsi que son père et sa mère. C'est un challenge même avec le plus adorable et le plus beau bébé du monde. (Je sais que tout le monde dit la même chose à propos de son propre enfant, et vous êtes probablement tous convaincus que vos enfants sont les plus beaux de la planète. C'est gentil de votre part, mais le fait est qu'Eva est la plus belle.)

Nous avons appris à être patientes et à mesurer nos gestes et nos paroles en leur présence, parce que dès l'instant où ces petites créatures viennent au monde, leurs cerveaux sont comme des éponges qui absorbent absolument tout ce qui les entoure. Nous avons aussi appris à être toujours sur nos gardes. Si vous n'êtes pas totalement attentifs tout le temps, vous aurez tôt fait d'apprendre à quel point il est difficile d'enlever les taches de jus de raison sur le tapis antique qui est dans la véranda de tante Portia et tante Ellen.

Voici la raison pour laquelle je crois que tous les parents devraient recevoir une médaille ou un trophée – comme les trophées de bowling, mais au lieu de figurer un minuscule joueur de bowling le trophée représenterait un parent en train de s'abrutir devant la télé après avoir fini de racler les petits pois qui s'étaient incrustés dans le sofa pendant que leur fille ou leur garçon s'est finalement endormi dans l'autre pièce. C'est peut-être beaucoup de choses à mettre sur un trophée, mais vous me comprenez.

D'abord, vous accouchez de votre bébé, ce qui en soi est déjà un accomplissement remarquable. Je n'entrerai pas dans les détails, mais aie, aie, aie, et non merci. Puis vous passez les dix-huit années suivantes à élever l'enfant. Pendant tout ce temps vous lui posez des questions que vous n'auriez jamais eu l'idée de poser à un autre être humain, genre : « Qui veut monter sur le pot ? » et : « Veux-tu enlever tes sous-vêtements de sur ta tête pour faire plaisir à maman? » et : « Qu'est ce tu as fait percer ? Et c'est où exactement ?»

Quand les enfants atteignent l'âge de dix-huit ans, vous pensez que le boulot est terminé et qu'à l'avenir le sous-sol restera propre. Mais il se trouve que, selon un article que j'ai lu, 80 % des diplômés de l'université retournent vivre chez leurs parents. Quatre-vingt pour cent ! Ce serait sans doute 100 % mais il y a des parents qui ont été assez futés pour déménager sans laisser d'adresse.

Ce doit être frustrant pour un parent. Vous rêvez d'envoyer vos enfants à l'université, d'assister à la cérémonie de remise des diplômes, puis de les voir accomplir de grandes choses. Ils ne sont pas censés revenir à la maison. Leur chambre a déjà été transformée en gym.

Ce genre de choses ne se produit pas dans la nature.

Quand un oiseau quitte le nid, il part pour de bon. La maman oiseau emploie toutes sortes de ruses pour chasser ses petits du nid sur le long terme. D'abord elle les secoue pour les encourager à se lever. Puis elle leur montre combien il est agréable de voler. Elle exécute de grands vols planés autour du nid, elle joue à cache-cache, crie « coucou ». Puis elle se pose sur une autre branche en pépiant : « Les enfants, dehors ! J'ai de la visite qui vient. »

Et les enfants partent. Ils apprennent à voler et font leurs propres nids. Ils ne vont pas se faire tatouer de la tête aux pieds avant de revenir vivre aux crochets de maman. Ils cherchent leur propre nourriture et vont sur *Craigslist* pour trouver un boulot à temps partiel.

Je crois que les parents ont beaucoup à apprendre de la nature. Non seulement peuvent-ils apprendre des oiseaux, mais les gnous ont aussi beaucoup à leur enseigner. Quand les bébés gnous viennent au monde, leurs parents les encouragent à marcher immédiatement. Et s'ils n'apprennent pas assez vite, ils sont mangés par les lions. Bref, une fois que vos enfants sont partis pour l'université, vous avez fait votre part. Après avoir mis tant de temps et tant d'argent à les faire éduquer, s'ils reviennent quand même à la maison, il ne vous restera plus qu'à acheter un lion.

O. K. Peut-être pas un lion, mais faites changer les serrures.

Portia et moi n'avons pas d'enfants. C'est pourquoi nous sommes toujours souriantes et si pleines d'énergie. Mais nous avons plusieurs animaux que nous considérons comme notre famille. Nous avons deux chiens,

Mabel et Wolf, et trois chats à la maison, Charlie, George et Chairman. Nous avons deux chats sur notre ferme, Tom et Little Sister, deux chevaux et deux chevaux miniatures, Hannah et Tricky. Nous avons aussi deux vaches, Holy et Madonna. Et ce sont là uniquement les animaux qui ont le droit de monter sur notre lit.

Nous traitons vraiment nos animaux comme si c'étaient nos bébés. Nous n'allons pas jusqu'à leur faire porter des vêtements. Mais nous leur faisons la classe tous les vendredis. Vous devriez voir les vaches jouer des maracas durant le cours de musique. C'est la chose la plus chouette qu'on ait jamais vue.

Je sais qu'il y a une différence entre avoir des animaux et avoir des enfants. Ce n'est pas comme si j'étais obligée de passer la nuit debout à soigner mes chats quand ils sont malades. Je le fais, mais je ne suis pas *obligée* de le faire. Cela dit, nos animaux nous ont appris de précieuses leçons qui pourraient sans doute s'appliquer à l'éducation des enfants humains, si jamais nous changions d'idée. Par exemple, si votre enfant veut communiquer quelque chose, il va se mettre à beugler très fort. Et quand votre enfant a faim, vous devez lui donner du foin à manger. Mais ces conseils ne conviennent peut-être qu'aux vaches. Une chose est sûre, cependant : ne vous approchez jamais de vos enfants par derrière et, quand vous les nourrissez, tenez toujours la main bien à plat. Maintenant je pense à un cheval. Vous savez quoi ? Nous ne connaissons vraiment que les animaux. Nous n'allons pas changer d'idée.

# 10 choses à faire avant de mourir

1. ~~Faire le tour du monde pour en savoir davantage sur les différentes cultures et sociétés.~~ Regardez plus souvent la chaîne Découverte.

2. Porter plus de blanc.

3. Apprendre à voler.

4. Construire un canoë.

5. Dire à tout le monde comment construire un canoë.

6. ~~Assister à des concerts de musique classique, aller voir l'orchestre symphonique, aller à l'opéra.~~ Regardez plus souvent la chaîne des Arts.

7. Utiliser plus souvent le mot « polisson ».

8. Regarder quelqu'un courir un marathon.

9. Apprendre une langue étrangère, comme le british ou l'australien.

10. Finir cette liste.

# Je ne suis pas paresseuse

～◦◦～

Je ne suis pas paresseuse. De fait, je suis une personne très occupée qui travaille très fort. J'anime un talk-show quotidien. J'ai ma propre compagnie de production. J'ai ma propre maison de disques. Durant les week-ends, je gère un magasin FedEx du centre-ville. Mais il est vrai que de temps à autre, je suis prise d'une paresse absolument étonnante.

Il y a quelques mois, de retour chez moi après avoir passé une longue journée à amuser l'Amérique et plusieurs autres parties du globe, je me suis affalée sur mon sofa pour écouter un peu de télévision. Puis je me suis rendu compte que Charlie, mon chat favori, n'était pas là. Ordinairement elle vient vers moi aussitôt que je rentre. Mes autres chats sont plus indépendants. Ils passent l'été en Europe à faire du stop et ils appellent quand ils ont besoin d'argent.

Mais Charlie et moi avons une relation très particulière et je voulais lui faire savoir que j'étais rentrée. Ne vous inquiétez pas, je ne suis pas l'une de ces femmes qui sont folles de leurs chats. Simplement, j'aime que mon chat favori sache que je suis rentrée pour qu'on puisse discuter, dîner et regarder *Hoarders* ensemble.

Je me suis dit qu'elle devait être dans la salle de bain puisque que les chats aiment s'y retrouver quand il n'y a personne à la maison. C'est là qu'ils enregistrent la majorité de leurs vidéos « adorables petits chats » pour YouTube.

Donc, pour lui faire savoir que j'étais rentrée, j'aurais pu me rendre à la salle de bain ou simplement l'appeler, ce que je fais d'habitude. Mais ce jour-là, pour une raison quelconque, j'ai fait autre chose. La maison est munie d'un interphone grâce auquel il suffit d'appuyer sur un bouton pour parler à quelqu'un qui est dans une autre pièce. C'est amusant  parfois quand nous avons des invités. Je vais me cacher dans une autre pièce et je chuchote à l'interphone des trucs du genre : « Vous aimeriez dire quelque chose à Dieu ? J'écoute... » Ce qu'on s'amuse.

Donc j'ai dit à l'interphone : « Charlie, je suis là. Charlie ! » Puis j'ai raccroché et j'ai attendu que Charlie arrive en courant. Je n'y pensais plus quand j'ai vu Portia debout devant moi.

« Je rêve ou tu viens de parler au chat par l'interphone ? » m'a-t-elle demandé.

Je l'ai regardée, j'étais coincée, alors j'ai dit : « Oui, je viens de parler au chat par l'interphone. »

Pour ma défense, j'étais très fatiguée et si j'avais voulu me rendre jusqu'à la salle de bain il aurait fallu que j'enfourche mon gyropode, prenne l'ascenseur jusqu'au troisième, traverse la fontaine de champagne, passe le test biométrique de reconnaissance de l'iris et enfin désamorce une douzaine de rayons lasers.

O. K., c'est faux. Il aurait fallu que je traverse le corridor.

Je ne suis pas si paresseuse, d'ordinaire. Ai-je déjà tenté d'enlever mes pantalons sans m'être d'abord déchaussée ? Oui. Il m'est aussi arrivé un matin de découvrir une tache sur ma chemise au moment où je montais en voiture, puis de filer jusqu'au boulot pour m'éviter d'avoir à descendre de voiture, rentrer chez moi et changer de chemise.

Je suis certaine que vous êtes tous passés par là. Vous vous habillez le matin et vous êtes contente de votre choix de vêtements. Juste avant de sortir, vous apercevez une tache de café en plein milieu de votre chemise ou bien un petit trou au niveau de l'aisselle. Ce qui bien sûr signifie que vous l'avez remise telle quelle dans l'armoire la dernière fois que vous l'avez portée. « Ce n'est pas si mal, je peux encore la porter. »

Quand vous voyez le dégât, au lieu de revenir pour chercher une autre chemise qui aille avec les pantalons, les chaussures et le mouchoir que vous aviez choisis, vous haussez les épaules et vous dites : « Je dirai aux gens que c'est arrivé en voiture durant le trajet. »

Nous devenons tous de plus en plus paresseux. La technologie nous aide à cultiver notre paresse. Il y a maintenant des voitures capables de se garer toutes seules, ce qui est fantastique non seulement pour les paresseux mais aussi pour ceux qui détestent avoir des pare-chocs sans égratignures. Il y a des aspirateurs qui nettoient tout seuls. Et grâce à la nouvelle bière *Bud*

*Light Lime*, on n'a même plus besoin d'extraire soi-même le jus de citron vert pour mettre dans sa bière.

Les humains ne sont pas censés être si paresseux. Nous ne sommes pas faits pour passer toutes nos journées assis sur la même chaise à fixer le même écran d'ordinateur et toutes nos soirées assis sur le même sofa à jouer aux jeux vidéo ou à regarder des émissions de téléréalité.

J'avoue que je me sens coupable de regarder tellement de téléréalité. Il n'y a rien qui me fasse sentir plus paresseuse que de chercher la télécommande en ronchonnant – et de la retrouver juste à temps pour regarder un épisode de *I Shoudn't be Alive* (*Je devrais être mort*) sur un marin qui a dû se laisser flotter sur une brindille pendant des mois au beau milieu de l'océan après que son bateau a chaviré.

Toutes ces émissions de téléréalité ne seraient pas si mal si elles ne me prenaient pas tant de temps. Elles durent toutes deux heures ! Il y a un creux dans le sofa qui a la forme de mon corps et il est apparu après que j'eus regardé un seul épisode de *The Bachelor*. J'aime aussi regarder *American Idol*, *Survivor*, *The Celebrity Apprentice*. Voilà déjà quatre-vingt-dix-sept heures de télé à regarder chaque semaine. Ce qui ne me laisse presque plus de temps à consacrer aux choses vraiment importantes : Facebook et Twitter.

Soit dit en passant, j'ai remarqué qu'il y a maintenant une émission visant à découvrir le prochain ou la prochaine tout ce que vous voulez – la prochaine top-modèle, le prochain cordon-bleu, le prochain couturier, chanteur, danseur, entrepreneur. Bientôt il y aura une émission de téléréalité pour choisir le prochain président. On n'aura même plus à quitter la maison pour aller voter. « Désolé, Monsieur, mais vous n'avez pas ingurgité suffisamment de marshmallows durant ce débat. Vous ne passerez donc pas aux Primaires. Veuillez remettre votre torche. »

Pour nous épargner du temps, ils devraient fusionner toutes ces émissions en une. Qui n'aimerait pas voir une émission sur le prochain danseur à claquettes célèbre et apprenti célibataire qui devrait survivre dans la jungle tout en chantant et en perdant du poids ? Ryan Seacrest en serait l'animateur et nous serions tous à l'écoute.

Tachons tous de nous lever et de nous remuer un peu plus aujourd'hui. Vous savez ce que nous devrions faire ? Des pompes ! Pour chaque vidéo que vous regardez sur YouTube, faites une pompe. Pour chaque jeu vidéo auquel vous jouez, faites une traction. Puis une autre pompe. Puis une traction. Tirez, poussez, tirez.

Et maintenant exercez vos bras en tournant la page. Voilà. Vous vous débrouillez très bien.

*Note :* Ce chapitre dicté n'a pas été relu.

# Une très courte nouvelle : Aspirations

≈〜

« Je veux être astronaute quand je serai grande », dit la jeune Delilah.

« Tu vis dans un tout petit village à la sortie d'une petite ville située près d'une très grosse ville, dit sa mère. Tu vas rester ici et travailler sur la ferme. Tu ne seras jamais astronaute. »

De fait, devenue vieille, Delilah avait travaillé sur la ferme toute sa vie. À son dernier jour, soignée par les villageois, elle se tourna vers eux et demanda : « Ai-je été astronaute ? » Ils dirent : « Oui. Vous étiez une grande astronaute. » Elle fit : « Oui ? Vraiment ? » Et ils répondirent : « Chut ! Assez parlé. »

# Civilité

Jamais dans l'histoire du monde, les gens ont-ils pu communiquer et s'exprimer aussi instantanément et aussi abondamment que maintenant. Difficile à croire, mais il fut un temps où les gens devaient ÉCRIRE DES LETTRES ! (Si vous lisez ce livre à vos enfants avant qu'ils s'endorment – et je vous le recommande fortement – le moment est peut-être venu de leur parler des lettres écrites à la main, des tables tournantes, des vidéocassettes et de la première saison de l'émission *The Hills*.)

Plus personne n'écrit de lettres, ce qui veut dire que plus personne n'a de correspondant. Je me souviens d'avoir eu un correspondant à l'époque où j'avais à peu près dix ans, et cet échange de lettres entre lui et moi était l'une de mes activités favorites. Il s'appelait Steve et il habitait dans l'une de ces résidences tellement démesurées qu'elles portent un nom. Les gens l'appelaient « le Pénitencier d'État de la Louisiane », et selon Steve c'était encore plus gros que la maison du maire. Nous échangions des lettres et il me demandait de lui envoyer mes livres favoris, des petits bouts de métal ou de bois qui traînaient et tout l'argent que je pouvais trouver dans la maison. J'emballais le tout et j'ornais les paquets que je lui envoyais de jolis petits chats autocollants. Notre correspondance a pris fin quand j'ai déménagé avec ma famille dans une autre ville au moment où Steve était aussi appelé à changer de domicile. « Isolement cellulaire », qu'il disait. J'étais toujours très impressionnée par son vocabulaire.

J'ai toujours aimé écrire. J'aime la sensation de tenir un beau stylo dans ma main. J'ai l'impression de créer quelque chose quand le stylo touche le papier, même si ce n'est qu'un gribouillis, une fleur ou un note qui dit : « Si jamais vous vous garez encore une fois sur mon espace, je fais venir la remorqueuse. » C'est une sensation très agréable.

Quand vous écrivez quelque chose physiquement, vous êtes forcé de prendre le temps de penser à ce que vous écrivez. Nous ne faisons plus ça de nos jours. Nous appuyons simplement sur des boutons. Nous supprimons et changeons tout à notre guise. Nous sommes gâtés. Pensez à la corvée que les hommes des cavernes devaient se farcir pour écrire quelque chose. Il fallait qu'ils le gravent dans la pierre. Ils devaient prendre des heures rien que pour écrire : « Cher Krog. Parti chercher du pain. De retour dans vingt minutes. Glok. » Si jamais ils faisaient une erreur, ils devaient aller chercher une autre pierre plate et repartir à zéro. Qui sait s'ils parvenaient jamais à acheter du pain. Je sais que les hommes des cavernes avaient l'habitude de s'assommer les uns les autres à coups de massue, alors je ne dis pas que nous devrions les imiter en toutes choses. Je dis seulement que plus personne n'écrit de lettres.

De nos jours, tout ce que nous faisons est électronique et automatique : courriels, textos, Facebook, Twitter, Skype, messages instantanés, iChat, blogues et danse figurative sur Youtube. Quiconque désire exprimer une pensée fugitive, une opinion, une question ou une réponse peut le faire instantanément sur son ordinateur, son téléphone, son ordinateur portable ou tout autre engin électronique qu'il reste à inventer et qui révolutionnera le monde des communications dans le court intervalle entre le moment où j'aurai terminé d'écrire ce livre et celui où il sera publié.

À une époque vraiment très, très lointaine, disons dans les années 1990, si vous aviez envie de dire au monde entier que vous détestez les crêpes au petit-déjeuner, vous ne pouviez pas aller le dire sur Twitter tout simplement. Il n'y avait qu'une façon de procéder. Vous deviez sortir dehors et crier à pleins poumons : « Je déteste les crêpes au petit-déjeuner ! » C'est pourquoi tellement de gens finissaient leurs jours dans une institution. Ils paraissaient fous, mais quand on y pense maintenant, ils étaient juste en avance sur leur temps.

À l'instant même, quelqu'un est probablement en train de lire ce livre en se disant : « Je boirais bien une tequila. » Je suppose que c'est ce qu'il pense parce que c'est ce que je pense moi-même en l'écrivant. Alors ce lecteur ira sur Twitter pour écrire : « En train de lire Ellen. Hilarant. Envie d'une tequila. » Et si cela donne envie aux gens d'acheter le livre, tant mieux.

Ce qui est moins bien, c'est que toute cette technologie a oblitéré jusqu'à la notion de civilité. Non seulement avons-nous cessé d'écrire des lettres, mais nous ne nous parlons presque plus. Les gens ont si l'habitude de s'envoyer des textos qu'ils sont sincèrement étonnés quand le téléphone sonne. C'est comme si nous avions tous le téléphone de Batman, qui sonne uniquement pour signaler un danger.

Maintenant nous répondons : « Qu'est-ce qui se passe? Quelqu'un est tombé dans le puits ? »

« Non, c'est Becky. Je voulais juste dire bonjour. »

« Tu m'as foutu une de ces peurs! Tu ne peux pas téléphoner et essayer de me parler comme ça. Le bout de tes doigts ne fonctionne plus ? »

C'est encore plus embarrassant quand on est face à face. À l'époque, il était agréable de se retrouver entre amis parce qu'on pouvait s'asseoir, discuter et se remettre au courant des derniers développements dans la vie de chacun. Maintenant, quand vous rencontrez quelqu'un, il n'y a plus rien à dire. Vous avez déjà vu les photos de son voyage à Rio sur Facebook. Vous avez lu ses tweets sur le dernier régime qu'elle a suivi. Et elle vous avait déjà envoyé un texto la fois où elle avait eu peur d'être enceinte. Alors vous finissez par rester assises à vous regarder sans rien dire jusqu'à ce que vous vous mettiez toutes les deux à texter d'autres personnes.

Et quand nous nous parlons, nous ne parlons pas longtemps parce que notre capacité de concentration est limitée à environ neuf secondes. Nous parlons par secousses. Nous ne pouvons plus lire que 140 caractères à la fois avant de passer à autre chose. Nous n'avons même plus la patience d'attendre le riz minute. Nous sommes passés au riz instantané. Car, je vous le demande, qui a le temps d'attendre toute une minute pour un bol de riz ? Je vais vous le dire, qui : personne.

Ils ont inventé le magnétoscope TiVo parce que nous n'avons plus le temps ni la patience de rester assis durant les pauses publicitaires à la télé. Et ils nous ont donné la télé sur demande parce que nous voulons – non, nous exigeons que nos émissions et nos films favoris soient disponibles en tout temps.

Juste pour vous donner un exemple de la patience dont les gens étaient capables dans le temps, saviez-vous que le générique d'ouverture du film *Mister Ed* dans les années soixante durait une bonne minute? (Si vous ne me croyez pas, je vous donne trente secondes pour le télécharger sur votre téléphone.) Les gens n'avaient d'autre choix que de rester là durant tout ce temps et ils adoraient. Ils ne rataient pas une seconde. « Un cheval est un cheval, bien sûr, bien sûr. Et personne ne peut parler à un cheval, bien sûr. À moins, bien sûr, que ce cheval soit le célèbre Mister Ed ! » Et ça continue comme ça pendant presque une minute. De nos jours, la chanson thème d'une émission de télé se limite à un accord de guitare. « Ba-bow ! » Et nous voilà déjà dans la cuisine de quelqu'un.

Je sais qu'il n'y avait rien d'autre à regarder à la télé à l'époque, alors les gens n'avaient pas de mérite à être patients. Soit qu'ils écoutaient la chanson thème d'un bout à l'autre, soit qu'ils jouaient au yoyo.

Je parie que les gens lisaient beaucoup plus dans le temps. Je dois dire que vous m'impressionnez de prendre le temps de lire ce livre maintenant. C'est tellement rare que les gens se gardent du temps pour se lover dans un fauteuil avec un bon livre. D'ailleurs je ne sais pas pourquoi il faut se lover pour lire un livre, mais c'est ce que les gens disent. Vous ne pouvez pas dire simplement que vous allez lire un livre, parce que les gens vous demandent : « Comment allez-vous le lire ? Dans quelle position serez-vous ? »

« Je vais me lover. »

« Ah, très bien. Vous n'allez pas rester debout ? »

« Non, non, je vais me lover. »

« Très bien, très bien. Mais dites-moi, vous n'allez pas vous coucher sur le côté, n'est-ce pas ?

« Non, promis. Je vais me lover. »

C'est une drôle de position, lovée. Je préfère m'étendre à plat ou essayer beaucoup d'autres positions – je parle encore de lecture. On ne se love pas pour faire d'autres choses. On ne dit jamais, je vais me lover pour surfer le Net ou me lover pour tricoter. En fait, si vous êtes lové pour faire quoi que ce soit d'autre que la lecture, vous devriez peut-être en parler à votre médecin.

De toute façon, de quoi parlait-on? Oui, le peu de concentration, le manque d'attention, blablabla. Vous savez quoi? Allez donc voir ma page Twitter ou mon site web pour plus d'informations.

# Dîner avec un médium

~~ ~~

Une amie m'a confié récemment qu'elle avait rencontré un médium télépathe lors d'un dîner auquel une amie commune les avait invitées. Le concept m'a paru absolument fascinant. C'est une chose de consulter un médium, c'en est une autre de le fréquenter en société. Pouvait-il lire dans ses pensées durant toute la soirée ? Savait-il d'avance quand la fête allait devenir ennuyeuse ? Savait-il quand ses hôtes allaient manquer de guacamole ?

Voici comment j'imagine la conversation entre mon amie et le médium. Aux fins de cette reconstitution dramatique, j'appellerai mon amie « Suzie » et le médium « Médium ».

SUZIE : Bonjour, je m'appelle Suzie.

MÉDIUM : Je sais.

SUZIE : Comment avez-vous rencontré Janet ?

MÉDIUM : Je savais que vous alliez me poser cette question. C'est l'amie d'une amie. Et vous ?

SUZIE : Nous sommes…

MÉDIUM : Je plaisantais, je sais déjà. Voulez-vous que je vous passe la salade ?

SUZIE : Oui, s'il vous plaît.

MÉDIUM : Je le savais. Voulez-vous de l'eau?

SUZIE : Non, merci.

MÉDIUM : Je savais que vous alliez dire non.

SUZIE : Oui, bon. Enchantée de faire votre connaissance.

MÉDIUM : Vous allez bientôt avoir des épinards coincés entre les dents.

SUZIE : Merci.

MÉDIUM : Je savais que vous alliez dire ça.

# Idées

∽ ∼

Il y a une phrase célèbre : « Quand le génie frappe à la porte, il faut être prêt à jouer, sinon vous resterez à la merci du maître. » Je ne sais pas si vous connaissez cette phrase ? Oui, bon, je viens juste de l'inventer.

Pendant que j'écrivais ce livre, toutes sortes d'idées me sont venues aux moments les plus incongrus : en mangeant, au milieu de la nuit, suspendue la tête en bas sur une machine Pilates. Je ne savais jamais quand la prochaine idée géniale allait se présenter parce que mon esprit fonctionne 26 heures par jour, sept jours semaine. Parce que je voulais être prête à tout moment, j'ai gardé pendant un an un stylo et du papier sur moi – oubliez les détails, comme où et comment. Donc chaque fois que j'avais une bonne idée, je la notais pour ne pas l'oublier.

Voici une idée qui m'est venue la tête en bas sur une machine Pilates en mangeant au milieu de la nuit. Je pense faire la preuve ainsi que le génie peut frapper à n'importe quel moment de la journée.

Avez-vous remarqué que la plupart des gens – attendez, je n'arrive pas à lire ce mot. Je pense que c'est le mot « sourire ». Est-ce que c'est écrit « sourire » ? Non. C'est peut-être « sous-fifre » ? Pourquoi écrirais-je le mot « sous-fifre » ? Je n'ai jamais employé le mot sous-fifre de toute ma vie. Pourquoi l'aurais-je noté ? Est-ce un « Q » ? Ou un « G » ? Je ne sais pas ce qui est écrit. Est-ce le mot « singe » ? Je ne me rappelle pas qu'il était question de singes. Je me souviens d'avoir pensé aux ananas, mais ça ne ressemble pas à ananas. En fait, ça ressemble un peu à un ananas. Mais pas du tout au mot « ananas ». « Groenland », peut-être ? Je pensais justement au Groenland... Ou à l'Islande ? Où Björk habite-t-elle ? Je ne sais même plus si c'est mon écriture... Qui a écrit ça ? Est-ce que c'est du sang ? Non, le sang n'est pas bleu pale. C'est de l'encre, il n'y a pas de doute. Qu'est-ce qui est écrit là ? Milk-shake d'astronaute ?

Je suis désolée. Je n'aurais pas dû écrire ce chapitre.

# Pour les ados

❧ ❧

Ce chapitre è pr lè ados 5pas. SaV ki vs ète.

OMD. Tellement contente ktu liz ce liv. C pas ki t mé t cool. Lol.

Juste dir bjr komencava. Tfk aprè-mi10 ? Veu alé manG ou alé ô 6néma ? Ariv à tps ou jvet ☹.

Ci 1 2rôl 10toire kitfra arf. I x g 10 à mon frR jtm kom 1 seur. Il fè kom : kwaaaaa ? G 10 ct1 jok. Jtm kom 1 frR. Istrik. I 10 t gnial, LN. Mdr.

M'tu U2 ? JmU2. M'tu U2 ô6 ?

GKJJKY#$DU:FTYFD#$. Oups, je me suis endormie sur mon clavier !!!!! CriE. RSFQJRPT.OK. Jenemar. M6 dem lir. A+. ☺. A12c4. Bizz. AVPP.

Ab1to, E.

165

# Pour les adultes qui n'ont pas compris le chapitre pour les ados et voudraient comprendre

∽ ≈

Ce chapitre s'adresse aux ados sympathiques. Vous savez qui vous êtes.

Oh, mon Dieu ! Je suis tellement contente que tu lises ce livre. Je ne sais pas qui tu es mais tu es cool. Et maintenant, rien qu'à penser que je te trouve cool malgré le fait que je ne te connais pas, j'ai envie d'éclater de rire pour une raison que j'ignore.

En fait, je voulais juste dire bonjour et comment ça va. Qu'est-ce que tu fais cet après-midi ? Préfères-tu aller au restaurant ou au cinéma ? Ne sois pas en retard, sinon je vais être très, très triste.

Voici une histoire comique qui te plaira sans doute. Un jour, j'ai dit à mon frère : « Je t'aime comme une sœur. » Il m'a regardé, l'air incrédule, et m'a répondu : « Quoi ? » Alors j'ai dit : « Je plaisante ! Je t'aime comme un frère. » C'était trop drôle. Il a rétorqué : « Tu es géniale, Ellen. De fait, tu es si drôle et je ris tellement que j'en meurs. Adieu, je suis mort. »

Aime-tu le groupe U2 ? J'adore U2. Aimes-tu U2 aussi ?

GKJJKY#$DU:FTYFD#$. Oups, je me suis endormie sur mon clavier !!!!! Je suis sérieuse ! C'est trop drôle. C'est si drôle et je ris si fort que je suis présentement en train de rouler par terre. Je ne peux pas m'empêcher de rouler par terre tellement ce qui précède est hilarant.

O. K. C'est assez. Je te remercie de me lire. À plus tard. Je suis si heureuse maintenant. À un de ces quatre ! Je t'embrasse. À vendre par le propriétaire.

À bientôt,

Ellen.

# Le plus long chapitre

≈ ≈

Vous aurez peut-être déjà deviné en voyant le titre, mais je tiens à dire clairement dès le départ que ce sera le plus long chapitre du livre. Aussi, si vous aviez l'intention de lire un chapitre de plus avant de vous mettre au lit ou avant d'aller dîner, ce n'est peut-être pas le chapitre que vous devriez lire maintenant. Parce qu'il est long. Très, très long.

Si vous voulez, je pourrais vous dire tout de suite de quoi il est question et pourquoi le chapitre est si long. De cette façon, vous pourrez prendre une décision éclairée, à savoir si vous préférez le lire maintenant ou y revenir plus tard. Soyez assuré que je ne serai pas vexée si vous décidez d'y revenir plus tard. Je ne suis pas susceptible. Peut-être, si vous disiez que vous n'aimez pas ma chemise ou mes chaussures, je serais un peu fâchée, mais autrement j'aime à penser que j'ai la peau dure. En outre, c'est moi qui vous laisse le choix entre poursuivre ou interrompre votre lecture, alors ce serait le comble s'il fallait que je dise : « Hé ! Pourquoi n'avez-vous pas continué de lire au lieu de vous rendre à votre rendez-vous chez le médecin ? Je suis vexée ! » Parce que je vous laisse le choix.

De fait, par souci d'équilibre, j'ai fait en sorte que le chapitre suivant soit très court. Vous pourriez donc sauter ce chapitre et lire le prochain avant de vous mettre au lit, et vous reviendrez à celui-ci une autre fois. Mais n'oubliez pas d'y revenir ! Peut-être devriez-vous corner cette page un petit peu ou vous écrire une note pour ne pas oublier de le lire. Je sais qu'en cornant une seule page, c'est tout le livre qui est ruiné et vous perdriez des sous si vous essayiez de le revendre, mais c'est ce qui rend la vie si difficile. C'est les décisions qu'on doit prendre.

Si ce chapitre est tellement long, c'est parce qu'il s'agit du chapitre le plus passionnant de tout le livre. Je vais vous parler de quelque chose qui a changé ma vie à jamais.

Cela vous donne sans doute envie de poursuivre votre lecture ! Je ne voulais pas vous tenter de rester. Je serais sincèrement désolée si étiez en retard à un rendez-vous avec quelqu'un qui aurait pu s'avérer votre âme sœur n'eut été de votre vilain défaut d'être toujours en retard.

Seulement, je sais que les gens veulent lire ce genre de choses dont je n'ai jamais parlé auparavant. Quand j'ai commencé à écrire ce livre, les gens me demandaient sans cesse : « Que vais-je trouver dans ce livre que je ne trouverais nulle part ailleurs ? Pourquoi devrais-je le lire ? Qu'y aura-t-il de si spécial ? » Et je répondais toujours la même chose : « Pourquoi ne l'achèterais-tu pas tout simplement parce que tu m'aimes, maman ? »

Mais je comprends ce que les gens veulent dire. Je

sais que je raconte ma vie chaque jour à la télé. On peut lire des histoires à mon sujet sur l'Internet et dans les magazines. J'écris un blogue sur les fleurs auquel plus de 80 personnes sont abonnées. Vous en savez tous un bout à mon sujet. Mais vous ne savez pas tout, et voilà l'intérêt de ce chapitre.

D'autre part, je ne voudrais surtout pas allonger ce chapitre déjà long en parlant de sa longueur. C'est un peu comme si je vous faisais attendre encore et encore sans jamais entrer dans le vif du sujet, mais je vous assure que ce n'est pas le cas.

Cela dit, il y a peut-être une leçon à tirer de tout cela. Peut-être devrions-nous tous apprendre à ralentir, à cesser de courir dans tous les sens. Ce que vous étiez sur le point de faire peut peut-être attendre. Parfois il peut-être très profitable d'attendre. Par exemple, c'est toujours une bonne idée d'attendre au moins une demi-heure après avoir mangé avant d'aller nager. Certains disent que c'est un mythe, mais selon moi il vaut mieux être trop prudent que pas assez. J'attends une heure après avoir mangé avant d'aller même à proximité de l'eau, et cela inclut la natation, la douche, le bain et le lavage des sables aurifères.

De toute évidence, il y a des occasions où il n'est pas si bon d'attendre. Attendre au téléphone peut être très désagréable. Attendre les résultats de tests, comme les tests de grossesse, peut être très stressant, je suppose. Et n'est-il pas extrêmement frustrant de faire la queue devant la toilette des dames ? Pouvez pas vous grouiller un peu, les filles ?

D'un autre côté, si vous attendez quelque chose de bien, comme la sortie d'un nouveau film ou le jour où votre famille ira vivre ailleurs, le sentiment d'anticipation qui accompagne cette attente peut être très excitant. Le suspense est enivrant alors que les flots d'adrénaline vous traversent le corps comme une fusée ou comme les jets d'eau dans les toboggans malpropres des parcs aquatiques.

À ce stade, l'anticipation doit vous rendre fou. « Que va-t-elle dire ? Quelle histoire va-t-elle nous raconter ? Je n'en peux plus d'attendre ces secrets qu'elle n'a jamais dits à personne. »

Soit dit en passant, merci beaucoup d'avoir attendu et d'avoir lu ce chapitre jusqu'au bout. Je dois dire que j'aurais été un brin vexée si vous aviez décidé de passer au chapitre suivant ou de refermer le livre après que j'eus dit clairement que j'allais dévoiler pour la première fois quelque chose qui avait changé ma vie.

Ce n'est pas comme si c'était la seule chose que je dévoile dans ce livre dont je n'avais jamais parlé à personne. En fait, il y a plein de trucs dont je n'avais jamais parlé. Je dirais que chaque page contient au moins une pensée, une idée ou une parole que j'exprime pour la première fois.  En voici une : Quoth. Je n'ai jamais dit ce mot avant aujourd'hui. Je n'en ai jamais parlé. Ce livre, cette page est le seul endroit où je discuterai jamais du mot « quoth ».

En voici une autre : je suis allergique à la pénicilline. Je parie que vous l'ignoriez, n'est-ce pas ? C'est parce que je ne l'ai jamais dit à personne. Même pas à un médecin.

Voici encore autre chose dont je n'ai jamais parlé. Je trouve très étrange que les cours de danse soient toujours donnés dans une pièce ouverte devant une immense fenêtre. C'est le seul business qui ne laisse rien à l'imagination. Pourquoi pas des rideaux ? Tiennent-ils tellement à ce que les gens s'arrêtent en passant pour les observer ? Je n'ai rien contre les justaucorps, mais l'œil est attiré par tant de plis et de replis et j'essayais seulement d'aller acheter un café au restaurant d'à-côté.

Voilà donc trois choses dont je n'avais jamais parlé auparavant et j'espère que vous, en tant qu'acheteurs de ce livre, vous sentez privilégiés et choyés d'être les seuls à connaître ces informations. Ça ne fait même pas partie de ce que j'avais l'intention de vous dévoiler dans ce chapitre. C'est un bonus pour ainsi dire.

Ce que je voulais vous dire, c'est ce qui a véritablement changé ma vie à jamais. Je n'ai plus jamais été la même depuis que je l'ai vue et c'est l'une des meilleures choses qui me soient jamais arrivées.

Je parle de la vadrouille Swiffer.

Vous savez quoi ? C'est tout. Je croyais sincèrement qu'il faudrait plus de temps pour expliquer comment elle a changé ma vie, mais je crois que tout est dit.

Après tout, ce ne sera peut-être pas le chapitre le plus long.

# Chapitre tweeté

Un commentaire en 140 caractères.

Si le verbe épousseter signifie « pousser »
la poussière, pourquoi est-ce qu'on ne dirait pas
« aspiretter » quand on passe l'aspirateur ?

# Grands penseurs et
## pas si grands penseurs

≈ ≈

Vous connaissez probablement la fameuse sculpture appelée *Le Penseur*. C'est un homme assis qui appuie la tête sur sa main. La statue, qui fut créée par l'artiste français Auguste Rodin en 1902, représente un homme perdu dans ses pensées, qui réfléchit aux tourments et à la lourdeur du monde qui l'entoure. J'ai vu une réplique dernièrement au rayon jardin chez Sears et ça m'a fait réfléchir.

Il y a bien sûr toutes sortes de personnes en ce monde. C'est ce qui fait tourner la terre. Enfin, ça et le vent. Mais quand j'ai vu *Le penseur*, je me suis mise à penser sérieusement à la pensée et j'ai pensé ceci : Il y a deux catégories distinctes de gens en ce monde, les grands penseurs et les pas si grands penseurs.

Les grands penseurs sont ceux qui posent beaucoup de questions, qui sont conscients de leurs actions, qui cherchent la raison et l'explication de tout ce qu'ils font, voient et entendent. Les pas si grands penseurs sont ceux qui jettent des saletés sur la voie publique. Ils ne sont pas conscients de l'empreinte qu'ils laissent sur la planète. À quelle époque vivez-vous si vous croyez qu'on peut baisser la fenêtre de sa voiture et jeter des ordures dans la rue ? C'était peut-être très cool en 1968, mais pas de nos jours. C'est pas cool du tout, *man*.

Nous devons tous devenir de grands penseurs. Nous devons penser davantage aux conséquences de nos gestes. Il y a une loi en physique qui dit : « Toute action entraîne une réaction de force égale en direction opposée. » Savez-vous ce que cela signifie? Moi non plus. De fait, je pense que c'était le message de mon *fortune cookie* hier soir. Enfin bref, il faut que nous commencions à penser sérieusement à ce que nous faisons à notre planète. Il y a une seule Terre et c'est la planète la plus importante de notre système solaire, après Uranus.

Plus nous penserons consciemment à ce que nous faisons et ce que nous consommons et mieux nous nous en porterons. Et je ne parle pas seulement de ce que nous mangeons. Je parle aussi de ce que nous achetons et ce que nous utilisons. Nous consommons beaucoup trop. Nous achetons toujours les plus récents modèles d'ordinateurs, de téléphones et de téléviseurs, sans parler des vêtements – et cela signifie que tous les modèles précédents finissent enterrés dans un dépotoir ou au fond de l'océan. Je sais que le sujet n'est pas très drôle mais c'est une chose à laquelle nous devons penser en tant qu'êtres humains. Et si vous êtes un extra-terrestre vivant sur la Terre, vous devriez aussi y réfléchir. Tout le monde devrait y réfléchir et pas seulement ceux qu'on étiquette comme « hippies » et comme « embrasseurs d'arbres » parce qu'ils se soucient de notre environnement. Je m'en soucie et je ne suis pas une hippie. J'ai déjà embrassé un arbre une fois, mais c'était dans les années soixante-dix et je croyais que l'arbre était mon amie Judy.

Nous pouvons faire beaucoup pour améliorer la situation. Premièrement, si vous ne recyclez pas, je ne sais pas quoi faire de vous. Je ne veux pas être forcée de crier après vous dans ce livre, mais RECYCLEZ S'IL VOUS PLAÎT.

Deuxièmement, il y a un moyen très facile d'économiser l'eau. Prenez des douches communes. C'est très agréable. C'est sympathique. Au début, mes femmes de ménage étaient hésitantes, mais heureusement le jardinier les a convaincues.

Vous pouvez aussi apporter vos propres sacs réutilisables au supermarché. J'ai toujours pensé qu'un sac réutilisable qu'on apporte au magasin s'appelait un sac à main, et j'avais cru comprendre qu'il était illégal de glisser des articles dans son sac à main. Mais il faut croire que non !

Vous voulez épargnez sur l'électricité ? Débranchez vos appareils quand vous ne les utilisez pas. Chaque dimanche, je débranche ma cabine de bronzage et je baisse les lumières dans ma discothèque. Vous pourriez débrancher votre téléviseur quelques heures par jour. Pas quand c'est l'heure de mon émission, naturellement, mais à n'importe quel autre moment. Sauf si c'est la « semaine des requins » sur la chaîne Découvertes, parce que ce sont des émissions fascinantes, mais n'importe quelle autre semaine. Et pas durant *The Bachelor* parce que les gens vont en parler au bureau le lendemain. Et si c'est l'heure de *So You Think You Can Dance*, vous ne pouvez pas rater ça. Vous savez quoi, laissez tomber. Ne débranchez pas la télé. Débarrassez-vous plutôt de votre réfrigérateur, par exemple, ou d'autre chose. Je ne sais pas. Vous trouverez bien.

Nous connaissons tous des gens qui vivent leur vie sans jamais réfléchir aux conséquences de leurs gestes. Ce sont ces personnes qui n'utilisent jamais leurs clignotants et qui ne remplacent pas le rouleau de papier hygiénique quand ils arrivent au bout. Ils ne sont pas malintentionnés (habituellement). Ils sont juste insouciants.

Tâchons tous de porter plus attention à ce qui nous entoure. Levez les yeux. Baissez les yeux – ne serait-ce que pour ne pas trébucher. Posez des questions. Faites comme les enfants qui demandent sans cesse « pourquoi ». Demandez pourquoi. Puis redemandez pourquoi. Puis demandez encore pourquoi. Puis demandez encore pourquoi. Puis demandez encore pourquoi. Puis demandez encore pourquoi. Ne cessez pas de demander jusqu'à ce qu'on vous réponde. Ou jusqu'à ce qu'on vous fasse sortir sous escorte policière, c'est selon.

Voici une bonne question : Si notre terre tourne à une vitesse de 1670 kilomètres heures, pourquoi ne puis-je pas sauter sur un trampoline à Los Angeles et atterrir dans un cocktail à Phoenix quelques minutes plus tard ? N'est-ce pas ? Pensez-y bien pendant un moment.

# Chapitre pour les auditeurs du livre audio

∽◠

Je sais que plusieurs d'entre vous écoutent la version audio de ce livre, et j'aimerais vous faire ici un salut tout particulier. L'enregistrement d'un livre audio ressemble beaucoup au travail de saisie des voix dans un film d'animation. Je suis dans une cabine d'enregistrement, avec d'énormes écouteurs sur les oreilles, et je parle dans un gros microphone. Et puisqu'il n'y a pas de caméras, je n'ai pas besoin de mettre des pantalons.

Il y a un ingénieur du son. Salut, Jerry ! Je le salue à l'instant même. Il est gentil. Il me salue à son tour. Allô ! Maintenant il brandit un écriteau : « Je m'appelle Mike, et non Gerry. »

Enfin, puisque vous avez l'avantage de pouvoir m'entendre, j'ai eu l'idée d'inclure en supplément quelques enregistrements de moi faisant de drôles de bruits.

Pour ceux qui lisent ce livre de la bonne vieille manière et ne peuvent pas m'entendre, j'ai fait imprimer les bruits ci-dessous et je vous encourage donc à tenter d'imaginer à quoi ces mots peuvent ressembler quand ils sortent de ma bouche.

*Miiiiiiii*
*Faaaaaa*
*Coooooooo*
*Allllôôôôôôôô*
*Bowwwwwwwwww*
*Babowwwwwwwwww*
*Jauuuuuuuuuune*
*Kentucky !*
*Pop*
*Pop pop pop*
*Kerplunk*
*Limonade*
*Sylvia*
*Clic*
*Pah-pah-pah-pah-pah-pah-pah-pah-pah-pah*
*Piou piou piou piou piou*
*Shhhhhhhhh*
*Haroumpf !*

# L'honnêteté

Il paraît qu'on est toujours récompensé de son honnêteté. Mais l'est-on vraiment ?

Oui. De fait, l'honnêteté est l'un des traits que je
trouve les plus attirants chez quelqu'un. (J'aime aussi les
belles chevilles.)

L'honnêteté est si importante et pourtant si rare. Je
ne veux pas insinuer que certains d'entre vous seraient
malhonnêtes ou menteurs. Je ne vous connais pas. Je suis
sûre que vous êtes de bonnes personnes qui n'avez jamais
déposé « accidentellement » une sommation pour être
juré dans un broyeur à déchets. Vous n'avez peut-être
jamais laissé échapper le moindre petit mensonge de
toute votre vie. Mais regardons les choses en face, vous
avez probablement déjà menti. Nous avons tous déjà
menti. Enfin, sauf moi. Je dis toujours la vérité.

Non, c'est faux. J'ai menti, là. Je suis désolée.

Nous ne faisons peut-être pas tous les jours de gros et
scandaleux mensonges, mais la plupart des gens mentent
de temps en temps d'une façon ou d'une autre. J'ai lu
quelque part qu'une personne normale mentait en
moyenne quatre fois par jour. Je ne sais pas exactement

quels sont les quatre mensonges qu'on raconte chaque jour, mais je sais que les gens ont tendance à mentir sur leur âge, leur poids, la couleur naturelle de leurs cheveux et ce qu'ils pensent vraiment des bébés de leurs amis. « Comme il est mignon ! Regardez-moi ces oreilles ! Bien sûr, on ne peut pas les rater ! Tellement mignon ! »

Je sais aussi que les gens mentent sur leur c.v. Les gens mentent sous serment. Les gens mentent à leur médecin, ce qui me dépasse. Je sais qu'on peut être gêné d'avoir à dévoiler l'origine de telle ou telle morsure sur telle partie du corps, mais il faut être honnête si on veut permettre aux professionnels de la santé de faire leur travail.

Je fais réellement de mon mieux pour ne pas mentir. C'est la vérité. J'essaie de dire honnêtement ce que je pense. J'essaie de dire les choses comme elles sont. D'appeler un chat un chat. De ne pas passer par quatre chemins. D'être franche comme l'or. De ne pas mâcher mes mots. De ne pas... dire des faussetés. Je ne connais pas d'autre expression. J'essaie de ne pas mentir.

C'est dur parfois parce que j'essaie aussi de ne pas blesser les gens. Il est donc déjà arrivé qu'une amie se fasse coiffer, par exemple, et que ma première réaction en voyant le résultat ressemble à : « Seigneur ! Tu as l'air d'une prostituée qui sortirait d'une soufflerie. » Mais je ne peux pas le dire, bien entendu, car ce serait faire insulte à toutes les prostituées. Je dis plutôt : « J'adore ! C'est génial. » Mais en le disant ma voix monte de trois octaves. « C'est gé-ni-aaal. » C'est évident que je mens.

Comment se fait-il que la voix devienne stridente quand on ment ? La voix nous trahit toujours. Par exemple, quand on fait de faux compliments et qu'on dit des trucs comme : « Tu n'avais pas besoin de me faire un cadeau. » Ou : « Comment ? Je ne t'ai pas invitée à ma fête ? Mais tu es toujours invitée ! » Tout le monde sait ce que ça veut dire. « Tu avais intérêt à me faire un cadeau » et : « Je ne t'ai plus invitée chez moi depuis l'incident de l'urne brisée en 2004. » C'est un fait mathématique : plus haut est l'octave, plus le mensonge est gros. Sur cette échelle, « je n'ai même pas entendu le téléphone sonner » est un mensonge de catégorie 4. « Tu penses que je couche avec quelqu'un d'autre ? » fait sauter l'échelle.

Je sais immédiatement que les gens mentent quand ils commencent leur phrase par : « Il faut que je sois honnête avec toi. » Ils pourraient aussi bien dire : « Écoute, je vais te mentir effrontément. » Pourquoi les gens sentent-ils le besoin de préciser qu'ils s'apprêtent à parler franchement ? Est-ce que cela signifie que tout ce qu'ils ont dit précédemment était un mensonge ? Elle m'a dit hier qu'elle aimait mon tricot, mais elle n'a pas précisé qu'elle serait honnête avec moi. Est-ce dire qu'elle le déteste ?

Les gens sont bizarres. C'est comme s'ils vous offraient la possibilité de ne pas entendre la vérité. Comme si, quand ils disent : « il faut que je sois honnête envers toi », vous alliez répondre : « Non. Non. Que des mensonges, s'il te plaît. »

Pour la plupart, nous sommes des gens honnêtes. Ce qui est une bonne chose quand on y pense, car notre société repose en bonne partie sur le code de l'honneur.

Pensez au traitement des bagages dans les aéroports. Il n'y a aucune supervision ; seulement un convoyeur sur lequel toutes les valises circulent, et chacun pourrait en prendre autant qu'il le veut. Je le sais parce que j'y étais il n'y a pas longtemps et j'en ai pris quatre. Une belle récolte : trois fers à repasser de voyage et une grande chemise de nuit pour homme.

Il y a plusieurs endroits qui tablent sur notre honnêteté. Les banquent offrent des bonbons en espérant que chaque client n'en prendra qu'un ou deux. Les restaurants offrent les cure-dents. Les bibliothèques ont ces immenses statues de lions à l'entrée. Ils nous implorent quasiment d'aller chercher une grue et un camion plateau pour les emporter.

Pensez à l'honnêteté dont on doit preuve quand on va au cinéma. On paie pour un film mais une fois à l'intérieur rien ne vous empêche d'entrer dans autant de salles que vous le voulez. On pourrait même payer le tarif pour enfants et passer avec son propre pop-corn et ses amuse-gueules végétaliens. Je suppose...

Autant il y a des endroits et des gens qui misent sur notre honnêteté, autant nous-mêmes devons compter sur l'honnêteté d'autrui. Nous remettons nos clés de voiture à un parfait étranger au service voiturier pour la seule raison qu'il porte une veste. (Soit dit en passant, vous savez maintenant pourquoi je porte toujours la veste et pourquoi j'ai tant de voitures.)

Il est bon de savoir qu'on peut compter les uns sur les autres. Il serait déprimant de penser que les gens nous mentent à longueur de journée. Je préfère croire que les gens sont bons et honnêtes et qu'ils ont assez de respect envers moi pour me dire la vérité. Il n'est pas toujours facile de trouver ces personnes-là, mais elles existent. D'ordinaire, ce sont celles qui n'hésitent pas à vous le dire quand vous avez l'air fatigué ou quand vous avez un morceau de brocoli qui vous pend des lèvres. Elles peuvent être abruptes et leur candeur est parfois blessante, mais honnêtement ? Vous les remercierez.

# La pensée positive

❧ ❦

S'il est un message que j'aimerais livrer dans ce livre, c'est bien qu'il peut être à la fois frustrant et infiniment gratifiant de s'attacher à un perroquet. Et s'il est un autre message que j'aimerais faire passer, c'est qu'il est possible d'être heureux. Le monde est si mal en point de nos jours qu'il peut être difficile de voir le bon côté des choses, mais ce n'est pas impossible. Voici quelques trucs pour vous aider à vivre heureux.

Par souci de transparence, je tiens à dire tout de suite que je ne suis pas une guide spirituelle. Il est vrai que si ma mère ne m'avait pas prénommée Ellen, elle m'aurait appelée *Deepak*. Mais elle ne l'a pas fait, et ce n'est pas la voie que j'ai suivie. Je ne voudrais pas vous induire en erreur en laissant croire que j'ai toutes les réponses, parce que c'est faux. Je veux dire, je sais un tas de choses. Un Tas de choses. J'ai une grande expérience du monde. Pardon ? Non, je ne fais pas partie de Mensa. Mais je pourrais. Évidemment. Je n'ai simplement pas le temps de remplir toute la paperasse. Ni d'aller aux réunions. Elles doivent être très ennuyeuses, ces réunions. Donc, en conclusion, la seule raison pour laquelle je n'appartiens pas à Mensa, c'est que je n'ai pas de temps pour la pape-rasse et les réunions. Passons !

J'ai mis beaucoup de temps à consulter des guides spi-rituels et j'ai lu beaucoup de livres sur le pouvoir de la pensée positive. Je suis d'accord avec ce qu'ils disent : votre vie changera si vous restez positifs en toutes choses. Je suis très positive là-dessus. Il est aussi très utile de s'entourer de personnes positives. Personne n'apprécie la compagnie d'un Jean-qui-pleure. Essayez de fréquenter plutôt un Pierre-qui-rit ou une Ellen-qui-sourit. Et Beyonce. Elle est tellement belle et gentille.

Voici un autre truc – et je viens tout juste d'y penser – que vous pourriez essayer : regardez mon émission chaque jour. J'essaie d'en faire une heure d'évasion par rapport aux choses de la vie qui ne sont pas toujours si agréables. J'essaie de rester toujours souriante, positive et enjouée. C'est bien moins cher qu'une prescription et sans mauvais effets secondaires.

Il est prouvé que lorsque nous restons positifs et heu-reux, notre organisme secrète des endorphines. Non, je ne suis pas médecin, mais je sais ce que c'est que des en-dorphines. Ce sont de petits elfes magiques qui nagent dans notre système sanguin en se racontant des blagues les uns aux autres. Quand ils atteignent le cerveau, vous entendez ce qu'ils racontent et il n'y a rien de tel pour vous mettre en joie et refaire la santé. « Toc ! Toc !... Qui est là ?... C'est la petite endorphine... La petite endor-phine qui ?... La petite endorfini-les-folies. » Alors l'en-dorphine rit et vous riez aussi. Vous comprenez ? C'est de la science.

Comprenez-moi bien. Je sais que tout le monde a de bonnes et de mauvaises journées. Nous sommes humains. Nous sommes des êtres émotifs. De fait, je ne fais pas confiance aux gens qui n'ont pas d'émotions. Avez-vous déjà rencontré quelqu'un qui prétend n'avoir jamais eu une mauvaise journée de toute sa vie ? N'est-ce pas que ça vous donne envie de lui planter un doigt dans l'œil ? Je ne comprends pas ce genre de personnes. On se lève tous parfois du mauvais côté du lit. Il m'est même arrivé de me lever du mauvais côté de l'allée du voisin après une longue nuit et un peu de confusion parce que nos portes d'entrée sont presque identiques. Tout est question d'équilibre. Le bon et le mauvais. Les hauts et les bas. Le pina et le colada.

La clé du bonheur, c'est d'être heureux par soi-même et pour soi-même avant tout. Si vous perdiez d'un coup tout ce que vous avez – votre maison, votre travail, votre famille, vos affaires, votre t-shirt favori qui est bourré de trous et que vous ne jetez pas même s'il dévoile une grande partie de votre région abdominale – si vous perdiez toutes ces choses et deviez vivre seul dans une caverne avec absolument rien, vous devriez quand même pouvoir être heureux. Le bonheur vient de l'intérieur. Vous avez le pouvoir de changer votre état d'esprit de façon à remplacer toutes les horribles pensées négatives qui essaient d'envahir votre psyché par de merveilleuses et joyeuses pensées positives.

J'ai moi-même pris la décision consciente de ne plus jamais laisser de pensées négatives entrer dans mon esprit. Si c'est difficile ? Vous pouvez le dire. Les pensées négatives sont puissantes. Par exemple, si je ne m'étais pas fait cette promesse d'avoir en tout temps des pensées positives, je serais probablement en train de penser qu'il doit être affreux de vivre seule dans une caverne avec absolument rien. Je veux dire, si on pense vraiment à la réalité d'une telle situation, c'est terrifiant : être coincée dans une caverne avec toutes ces chauves-souris autour de vous. Et les araignées ! Il doit y en avoir des millions et même des milliards qui vivent dans ces cavernes. Remarquez que je n'ai rien contre les chauves-souris et les araignées. Surtout si elles sont contentes de vivre leurs vies toutes seules dans des cavernes. Tant mieux pour elles. Mais il fait tellement sombre dans une caverne. Je suppose que cela va sans dire. C'est une caverne. Mais une fois qu'on y est entré, il n'y a même plus une trace ni un soupçon de lumière. Juste de petits yeux de chauves-souris qui étincellent tout autour de vous et qui attendent seulement que vous tourniez la tête pour vous sauter derrière la nuque comme des guépards avec des ailes de chauves-souris.

J'ai tellement peur de la noirceur. Je laisse la lumière de la salle de bains ouverte toute la nuit avec la porte entrebâillée (notez ce vocabulaire digne de Mensa) juste assez pour qu'il y ait un rayon de lumière. Je sais que c'est une perte d'électricité mais une fois je me suis réveillée dans une chambre toute noire et j'ai cru avoir été kidnappée par des hommes des cavernes qui m'avaient emmenée dans leur caverne souterraine où ils allaient m'entraîner à marcher comme un dinosaure en me nourrissant uniquement de l'écorce des arbres. Il se trouve que cette nuit-là je portais un masque noir sur les yeux, mais la question n'est pas là. Bref, j'aime garder un tout petit peu de lumière.

Vous savez, il y a probablement beaucoup d'humidité dans ces cavernes, ce qui serait mauvais pour mes cheveux. Sans parler de toutes ces parois aux arêtes tranchantes. Je n'oserais pas bouger. Je resterais assise toute la journée dans ma caverne en pensant à la trouille que ça me ferait d'être là. Je vais probablement me coucher ce soir en pensant que je pourrais facilement me retrouver coincée dans une caverne un de ces jours, entourée de chauves-souris, d'araignées, de gouttelettes d'eau et d'arêtes tranchantes, dans la noirceur la plus totale.

Qu'est-ce que je disais ? Ah oui – les pensées négatives. Débarrassez-vous-en ! Comme moi ! Vous savez ce que dit le sage ? « Pourquoi payer le plein prix pour un pull-over quand on peut le piquer gratis ? » Vous savez ce que dit un autre sage ? « Le bonheur est un voyage, pas une destination. » Amen, p'tite sœur !

Laissez-moi récapituler pour vous aider à tout comprendre. Le bonheur est un voyage. Ce qui veut dire que le bonheur ressemble à une longue balade en voiture. Disons que vous roulez vers Hawaï. Bien sûr, on pourrait croire qu'Hawaï, votre destination, sera la partie heureuse du voyage. Mais en réalité c'est la balade en voiture qui est la partie la plus heureuse à cause de tous les jeux amusants auxquels on peut jouer en voiture et de tous les arrêts qu'on peut faire dans les aires de repos, sans compter qu'il doit être amusant de rouler en voiture au-dessus de l'océan. Soyez heureux pendant le trajet de façon à pouvoir être malheureux en arrivant à Hawaï. Attendez. Je ne sais pas si c'est juste.

Quels que soient vos choix de vie, tâchez de l'apprécier le plus possible. Remplissez-vous de joie. (Et non de *Joy*, qui est un détergent liquide pour vaisselle.) Et acceptez ce que la vie vous envoie : le bon, le mauvais, le laid, l'embarrassant, l'agréable, l'ennuyeux, le doux, l'amer, le sucré, le salé, le mûr, le moins mûr… Désolée, je reviens tout de suite. J'ai un petit creux tout à coup.

# La magie

J'adore la magie. J'ai déjà invité plusieurs magiciens et illusionnistes à mon émission et je suis toujours émerveillée par leurs prouesses. J'ai d'ailleurs appris un truc pour lire dans les pensées et j'aimerais l'essayer sur vous si vous le permettez.

Pensez à un chiffre. N'importe quel chiffre.

Vous y êtes ?

Maintenant dites-le à voix haute.

Maintenant tournez la page.

C'est exactement ce que je pensais.
Hein ? C'est épatant, non ?

# Le pouvoir au féminin

∽ ≈

Le soutien-gorge. Les couches jetables. Le ruban correcteur Wite-out. La seringue médicale. Les essuie-glaces. Les biscuits aux brisures de chocolat. La gaine Spanx.

Qu'ont en commun toutes ces choses ? Elles sont toutes dans mon panier en ce moment. Zut. Je crois que j'ai dû prendre le panier de quelqu'un d'autre par erreur. C'est enrageant quand ça arrive.

Enfin, savez-vous quoi d'autre ces choses ont en commun ? Elles ont toutes été inventées par une femme. Pas la même femme. Elles ont toutes été inventées par des femmes différentes au cours des cent dernières années environ. (Ce serait fantastique si c'était la même femme qui avait inventé tous ces trucs. Quelle femme éclectique et instable ce serait !)

Et ce ne sont là que quelques-unes des choses que des femmes ont inventées. La liste est bien trop longue, qui inclut des articles de première nécessité comme le chauffage automobile, le lave-vaisselle, la laveuse électrique et ce qui est peut-être l'une des plus grandes inventions de notre époque : la poubelle à pédale. Nous tenons ces choses pour acquises et pourtant, sans les femmes qui les ont inventées, nous aurions froid dans nos vêtements sales avec notre vaisselle dégoûtante, nos déchets par terre et nos poitrines affolées.

Je suis très fière d'être une femme. J'ai été une femme toute ma vie. Et je sais que sans l'inspiration des femmes extraordinaires qui sont venues avant moi, je ne serais pas là où je suis aujourd'hui. J'ai grandi en admirant des femmes fortes et drôles comme Lucille Ball et Carol Burnett. Barbara Walters, Diane Sawyer et Oprah Winfrey ont pavé la voie sur laquelle je peux maintenant faire ce que j'aime. De fait, le bout de voie qu'Oprah a pavé est en or massif parce qu'il lui en restait un peu après avoir pavé son entrée.

Et maintenant que j'ai ma propre émission de télévision, je sens que j'ai la responsabilité de suive leurs traces en exerçant une influence positive sur les femmes et les jeunes filles qui me regardent chaque jour. C'est pourquoi je garde toujours une attitude enjouée et optimiste et pourquoi j'essaie d'inviter des femmes d'influence comme Michelle Obama et Hillary Clinton. J'aime aussi permettre à des femmes ordinaires de nous inspirer en venant raconter leur propre histoire à l'émission. Une fois, j'ai invité une femme qui pouvait se contorsionner au point d'arriver à mettre un chapeau sur sa tête avec ses pieds. Si ça n'est pas une source d'inspiration, je ne sais pas ce que c'est.

Mon émission s'adresse aux femmes. Je sais que les hommes la regardent aussi, et j'en suis heureuse.

J'aime à croire que les hommes, les femmes, les enfants et les chats apprécient pareillement mon humour contagieux. Mais pour une très large part, le public de mon émission est composé de femmes. Je ne sais pas exactement ce que dit le profil démographique. C'est une chose extrêmement compliqué que seuls des gens très hauts placés dans le gouvernement peuvent comprendre pleinement. Mais je crois que les femmes entre 25 et 54 ans constituent notre public cible. S'il faut pousser plus loin, disons que nous ciblons particulièrement les Arméniennes entre 53 et 80 ans et les femmes prénommées Diane âgées de 18 à 104 ans.

Je ne sais pas si c'est juste. Et ne me parlez même pas du système de mesure des cotes d'écoute. D'après ce que j'ai compris, il y a un homme dans un sous-sol quelque part qui compte le nombre de personnes qui allument leur téléviseur entre huit heures et dix-huit heures et qui note tout sur un bout de tissu – et selon ce que cet homme en dit dans son rapport annuel, des émissions sont annulées et d'autres, renouvelées.

De toute façon, je désire seulement utiliser de mon mieux cette fenêtre qui s'ouvre sur des millions de foyers des quatre coins du monde. Je veux que les jeunes femmes sachent qu'elles peuvent faire de grands rêves et que si elles s'appliquent elles peuvent accomplir tout ce qu'elles veulent. Quand je pars faire mon émission chaque jour, je pense à deux choses : Vais-je inspirer quelqu'un aujourd'hui ? Et est-ce que mes invités auront mauvaise haleine ?

J'ai toujours cette chanson de James Brown en tête :

« *It's a Man's Man's Man's World* » (*C'est un monde d'hommes, d'hommes, d'hommes*) quand je pense au pouvoir des femmes[1]. Je pense aussi aux Spice Girls, ce qui me fait penser aux épices, ce qui en retour me donne faim, et c'est pourquoi il faut que je mange un sandwich chaque fois que cette chanson tourne à la radio.

J'aime bien James Brown mais cette chanson a tout faux. Ce n'est pas seulement un monde d'hommes, d'hommes, d'hommes. C'est aussi un monde de femmes, femmes, femmes. Il chante que « l'homme a fait l'automobile qui roule sur les routes ». C'est peut-être vrai, mais cette voiture jouirait d'une piètre visibilité sans la femme qui a inventé les essuie-glaces.

Si vous écoutez cette chanson, alors vous devriez aussi écouter mon hymne personnel : « *Sisters are doing it for themselves* » (*Mes sœurs se débrouillent toutes seules*), chanté par l'une des plus brillantes voix de tous les temps, Aretha Franklin. Elle y parle des filles qui ne sont plus forcées de travailler à la cuisine. Maintenant, elles peuvent être docteurs, avocates et politiciennes. Au début je pensais qu'elle parlait d'une seule famille très talentueuse dans laquelle toutes les sœurs avaient des carrières fabuleuses. Bien sûr, je comprends maintenant que le mot sœur inclut toutes les femmes.

Les femmes peuvent aussi faire des trucs ! Et pour le bénéfice de quiconque me lit, me regarde ou m'écoute, voilà tout ce que je voulais dire. Le monde a besoin de femmes intelligentes. J'aime les personnes

---

[1] En anglais, le « girl power », dont les Spice Girls, entre autres, se réclamaient. (N.d.T.)

intelligentes. Je suppose que la plupart des gens sont comme moi. Je n'ai jamais entendu personne dire : « Dieu, que j'aime les idiots », quoique quelqu'un quelque part l'a sûrement déjà dit.

Peut-être qu'un jour nous n'aurons plus besoin d'envisager le succès dans une telle optique. Peut-être que nous n'aurons plus à dire qu'un homme a fait ceci et une femme, cela. Peut-être pourrons-nous dire simplement que telle personne merveilleuse, créative et intelligente a fait quelque chose d'extraordinaire, et ce sera suffisant. Mais, d'ici là, je suis fière de faire partie des sœurs qui se débrouillent toutes seules.

# L'ennui

Vous arrive-t-il de penser : « Je m'ennuie » ? C'est peut-être parce qu'on a l'habitude d'aller toujours trop vite ou parce qu'on ne peut pas passer tout un week-end à regarder des films d'amour sur le couple parfait qui n'est pas si parfait sans s'arrêter de temps à autre pour penser : « Je m'ennuie vraiment, là ». Voici donc quelques suggestions pour vous désennuyer :

1. Faites le ménage chez moi.
2. Regardez vos animaux de compagnie. Quand vous les regardez assez longtemps, vous pouvez presque deviner ce qu'ils pensent. Habituelle-ment, ils pensent : « Pourquoi est-ce qu'elle me regarde comme ça depuis tantôt ? Elle doit vraiment s'ennuyer. »
3. Coupez des fruits en rondelles.
4. Sextez.
5. Faites-vous un smoothie.
6. Travaillez bénévolement.
7. Offrez bénévolement votre opinion à des étrangers.

8. Faites de l'auto-stop.

9. Photographiez des outardes.

10. Enfilez un blazer et faites-vous passer pour guide au musée le plus proche.

# L'art du cadeau selon Ellen

≋ ≋

*Il est plus doux de donner que de recevoir.*
– Un menteur

L'art du cadeau est l'une des choses les compliquées qui soient en ce monde. C'est une pratique qui requiert un talent dont certains sont pourvues et d'autres dépourvus. Celui qui a ce don vous a offert des billets pour votre opéra favori l'an dernier. Celui qui ne l'a pas vous a offert un porte-clé en forme de « O » même si votre prénom est Jane.

Il n'y a pas vraiment de règles strictes en matière de cadeaux, mais il y a quelques lignes directrices. Les convenances veulent que vous apportiez quelque chose chaque fois que vous allez en visite chez quelqu'un. C'est la chose polie et généreuse à faire et cela démontre que vous êtes reconnaissant de l'accueil qu'on vous fait. Ce que j'aimerais savoir, par contre, c'est pendant combien de temps faut-il continuer ? Si c'est la millième fois que vous allez chez elle, faut-il encore lui apporter quelque chose ? La première fois, vous apportez une bouteille de vin. La deuxième fois, peut-être des fleurs.

Quand cela s'arrête-t-il ? Et les cadeaux sont-ils censés grossir d'une fois à l'autre ? Après quelques années à se retrouver entre amis, ça devient : « Regarde ce qu'on t'a apporté, Joyce : une piscine hors terre ! »

Mon beau-frère et sa femme sont très doués dans ce domaine. Ils sont extrêmement polis et chaque fois qu'ils nous rendent visite, peu importe l'occasion, ils apportent quelque chose. Ils pourraient venir juste pour chercher les lunettes de soleil qu'ils ont oublié la veille, ils nous apporteraient quand même chacune un set de gobelets en cristal. Ils écrivent des mots de remerciements. Ils envoient des fleurs. Et ils n'ont pas hésité à payer la facture de nettoyage que je leur ai envoyée après qu'ils eurent laissé des petites taches de boue et de vin sur mes meubles de patio.

Il y a des gens qui refusent d'apporter quelque chose quand ils vous rendent visite. Même si vous leur faites un cadeau chaque fois que vous allez chez eux, ils n'apportent rien quand ils viennent chez vous. Voici ma solution pour ce type de personnes. Quand vous allez leur rendre visite, prenez quelque chose. Apportez une bouteille de vin, repartez avec le micro-ondes. Apportez un gâteau kouglof, repartez avec leur voiture. C'est kif-kif.

Ces cadeaux-là passent encore. Là où ça devient plus difficile, c'est quand il s'agit d'offrir des cadeaux de Noël. Je ne sais pas où est la limite avec les cadeaux de Noël. Quand on est enfant, les seules personnes à qui l'on offre un cadeau sont les parents, les frères et sœurs et le chien. C'est tout. Et ça se résume habituellement à un cadre en macaroni couvert de paillettes. Plus on vieillit, plus le nombre de gens augmente à qui l'on doit offrir des cadeaux simplement parce qu'il y a plus de gens dans votre vie qui veulent vous saigner à blanc.

Il y a votre famille, vos amis, les amis de votre famille, la famille de vos amis, tous vos collègues de travail. Tous ces gens deviennent de plus en plus gentils à l'approche de Noël. Tout le monde veut vous rendre service. « Voulez-vous quelque chose, Madame DeGeneres ? Est-ce que je peux cirer vos chaussures ? » Et je réponds toujours : « Ne dites pas de bêtises. Vous devriez le faire de toute façon. »

J'ai de plus en plus de mal à savoir où m'arrêter. J'ai toujours aimé faire un cadeau à mon facteur, mais alors il faut aussi que j'en fasse un au livreur UPS. Ce qui signifie qu'il faut aussi que j'achète quelque chose pour le livreur FedEx, pour l'éboueur, pour celui qui nettoie la piscine, celle qui soigne mes plantes, celui qui s'occupe de l'étang à poissons, mon entraîneur personnel, mon professeur de chant, le professeur de chant de mon chien et bien sûr la femme qui me lave le visage. Et qu'en est-il de toutes les personnes que j'engage pour acheter mes cadeaux de Noël ? Est-ce que je dois aussi leur offrir quelque chose ?

Quoi que vous fassiez, vous allez forcément oublier quelqu'un qui ne vous a pas oublié. Voici comment vous en sortir : prenez ce qu'il vous offre en le remerciant du fond du cœur. Puis fouillez dans votre sac à main en disant : « J'ai aussi quelque chose pour toi. Tu veux savoir ce que c'est ? Viens ici. Plus près. Encore plus près. Encore un pas… » Quand il est tout près de vous, vous le

prenez dans vos bras et vous l'embrassez en disant :
« Voilà. Je t'ai apporté mon affection. » Et vous le serrez
très fort dans l'espoir d'étouffer toute sa déception.

Je suis sincèrement navrée pour les personnes qui ont
leur anniversaire au mois de décembre et qui reçoivent
donc plus souvent qu'autrement le cadeau « combo » :
« C'est pour ton anniversaire et pour Noël ! Joyeux anni-
Noël ! » Le cadeau combo signifie que vous recevez un
véritable cadeau et quelque chose d'autre que votre amie
a trouvé en faisant la queue devant la caisse au marché.
« Oh ! un beau chandail et un tube de *Krazy-Glue* ! Merci
beaucoup ! » « Il n'y a pas de quoi. Je sais à quel point tu
aimes coller des trucs instantanément... Bon Noël ! »

Là où ça devient vraiment moche, c'est quand votre
anniversaire est le 25 décembre. (À moins d'être Jésus,
bien sûr. Dans ce cas, bonjour la fête ! D'ailleurs, si vous
êtes Jésus, je voulais vous remercier d'avoir acheté ce
livre. C'est tout un honneur. Est-ce que je pourrais vous
demander d'écrire un petit mot pour la couverture de
l'édition de poche ? Je veux dire, si Jésus lui-même
recommandait mon livre, qui ne l'achèterait pas ? Je
vous le demande parce qu'il n'y a plus de club de livres
d'Oprah et ce serait tout un coup, mais vous n'avez pas
besoin de décider maintenant.)

Enfin, si votre anniversaire est le 25 et que vous
n'êtes pas Jésus, vous devriez dire aux gens que vous
êtes né aux alentours du 9 juin, par exemple. Commencez à vous renseigner sur les traits caractéristiques des
Gémeaux. Tout à coup vous êtes un homme à tout faire
qui aime la couleur jaune. Parce que non seulement vous

recevez le cadeau combo, mais vous avez aussi droit à la chanson combo : « Les anges dans nos campagnes / bonne fête / ont entonné l'hymne de joie / bonne fête / et l'écho de nos montagnes / bonne fête, Terry ! »

C'est injuste et j'ai deux mots à dire aux parents : ne faites pas ça à vos enfants. Planifiez vos ébats. Je ne suis pas très forte en maths, alors je dirais simplement que durant la première partie de l'année, disons de janvier à mars, tenez-vous loin l'un de l'autre. Ce ne sera pas facile. Ce sont des mois d'hiver et vous voudrez vous réchauffer. Malheureusement, l'un de vous deux devra dormir dans une tente derrière la maison. Ou bien l'un de vous deux pourra enfin gravir cette montagne au Brésil dont il parle tant dans son journal. Mais tenez-vous loin l'un de l'autre. Vous pouvez vous parler au téléphone pourvu que la conversation reste propre. C'est toute l'humanité qui vous remerciera.

Mon anniversaire tombe en janvier, quelques semaines après les fêtes. Ce qui veut dire que pour l'occasion, quelques semaines après avoir reçu mes cadeaux de Noël, je reçois d'autres cadeaux de Noël recyclés. Parce qu'on fait tous la même chose après les fêtes : on fait le tri pour séparer ce qui est « à conserver » de ce qui est « à redonner ». Le iPod, on garde. Le tricot affreux, on redonne. L'appareil photo numérique, on garde. Les chandelles érotiques, on redonne à l'hurluberlu qui travaille au service de la paye.

J'ai de la chance d'avoir mon anniversaire en janvier parce que les gens ont tendance à redonner les meilleurs cadeaux en premier. Si votre anniversaire tombe en janvier ou en février, il se peut même que vous finissiez par obtenir le iPod si celui qui l'a reçu pour Noël en avait déjà un. Ou vous pourriez recevoir une belle bouteille de vin parce que c'est janvier et votre ami pense encore qu'il va pouvoir tenir toute l'année sans boire.

Mais plus l'année avance, plus les cadeaux redonnés font pitié. En juin, vous obtenez la photo encadrée du neveu de votre ami avec l'inscription : « Notre précieux garçon. » Quand l'automne arrive, les gens ne redonnent plus : ils vident leurs sous-sols. Si votre anniversaire est en octobre, vous recevez soit une raquette de ping-pong, soit un siège d'auto pour enfant. « Bon anniversaire, grand-maman ! Qui sait, tu pourrais encore adopter ? »

Nous attachons peut-être trop d'importance aux cadeaux. Ce n'est pas le cadeau qui importe, ni sa provenance. Ce qui importe vraiment, nous le savons tous : c'est l'argent. Pourquoi n'est-il pas convenable de donner de l'argent ? C'est ce que nous voulons tous, pourtant. Pourquoi ne pas aller droit au but ?

Non. Enfin oui, mais il n'y pas que ça. J'aime sincèrement offrir des cadeaux et voir le visage des gens s'illuminer quand ils les ouvrent. J'ai déjà apporté du vin en boîte chez Oprah pour le dîner et l'air qu'elle a fait était impayable. Ça m'a fait chaud au cœur.

En conclusion, je crois qu'il vaut mieux faire preuve de politesse et donner quelque chose qui peut s'offrir en toutes circonstances : anniversaires, fêtes de Noël, fêtes du drapeau, etc. Et vous savez ce qui sera toujours le meilleur cadeau ? Un livre comme celui-ci. Et les choses faites en fric.

# Réflexions

∽ ≈

J e suis toujours heureuse de me retrouver dans la nature. J'adore la nature. J'aime les arbres, j'aime les fleurs, j'aime les haies en forme de girafes. Je ne sais pas comment elles font pour pousser comme ça, mais elles sont magnifiques !

Je passe beaucoup de temps à l'extérieur chaque jour. J'aime bien faire mon yoga dehors. Parfois je prends même ma douche dehors. Ce que j'essaie de dire, c'est qu'il m'arrive souvent de m'enfermer dehors.

J'aime la nature, voilà tout. Le matin, j'apporte une tasse de café près du bassin à poissons, je m'affale à côte de notre statue grandeur nature de l'actrice Helen Mirren, et je fais ce qu'on est censé faire près d'un bassin à poissons : je regarde dans l'eau pour y voir mon reflet et je réfléchis.

Je réfléchis à toutes sortes de choses. Je médite. Je médite sur la vie, sur notre univers infini et sur la chance que nous avons d'être entourés chaque jour de ces forces incroyables de la nature. Puis je réfléchis à d'autres trucs, genre : comment se fait-il que les sirènes trouvent toujours des coquillages assez grands pour leur servir de soutiens-gorges ? Quand je vais à la plage, le plus gros coquillage que je puisse jamais trouver est de la taille d'un bonbon. J'arrive quand même à en faire un soutien-gorge, mais il est tout petit.

Je réfléchis à l'expression : « Être un gros poisson dans un petit bassin. » Est-ce que les gros poissons dans mon bassin connaissent cette expression ? Est-ce qu'ils font le tour du bassin en essayant de complexer les plus petits ? Ou est-ce que les petits poissons connaissent cette autre expression : « Dans les petits pots les meilleurs onguents »? Peut-être nagent-ils avec assurance parce qu'ils savent qu'ils ont beau être petits, ils ont beaucoup à offrir, comme les graines de quinoa et les jumelles Olsen.

Je peux rester assise pendant des heures et des heures à regarder mon bassin où le ciel, les nuages et les oiseaux se reflètent. Nous avons tant d'espèces d'oiseaux dans notre jardin. Ils chantent continuellement et je les imagine dire : « Oh, cette Ellen, elle est si proche de la nature. C'est rare chez les humains. »

Et j'imagine un autre oiseau de répondre : « Oui, elle a l'air tellement relax et cool. Regarde-là assise sur ce banc en train de boire son café. »

Alors le premier oiseau répond en pépiant : « Je parie que ce serait plaisant d'être son amie. Elle me rappelle Claire, tu ne trouves pas ? Elle est cinglée mais tellement gentille. »

Et pendant qu'ils disent toutes ces gentilles à mon sujet – et vous m'en voyez remplie d'humilité –, je me mets à penser comme ce serait chouette de pouvoir voler toute la journée avec eux, de regarder la terre de là-haut, de tournoyer et de planer ainsi dans la plus complète liberté. Parfois je me perds dans l'instant présent, je me mets à courir dans le jardin en battant des bras comme une mouette à la plage. Très souvent je vais même commencer à piailler. Habituellement le voisin ne tarde pas à crier de me la fermer : « Taisez-vous, Madame ! Et mettez des pantalons! » À quoi je réponds : « Vous, Monsieur, mettez des pantalons ! », parce que sur le coup je panique et je ne trouve rien d'autre à dire. Bien sûr, il porte toujours des pantalons, alors ça n'a pas autant de punch, mais l'essentiel c'est qu'il n'est pas aussi proche de la nature que je le suis.

Il y a beaucoup d'espèces d'animaux dans les environs. Nous avons vu des lynx, des chevreuils et des sangliers. Un jour, Portia était convaincue d'avoir découvert une toute nouvelle espèce derrière la maison. Elle a vu une bête qu'elle n'avait jamais vue, qui avait de tout petits yeux et un visage poilu. Au début, j'ai cru que c'était ma cousine Nancy, mais non. Portia disait que l'animal ressemblait à un phacochère et j'ai dû lui rappeler que nous n'habitons pas sur une réserve zoologique africaine. Du moins pas encore.

Pendant longtemps j'ai cru qu'elle avait vu un opossum, mais nous avons finalement découvert que la mystérieuse créature était un sanglier javelina. On les trouve normalement dans les régions désertiques près de Tucson, en Arizona. Je ne sais pas ce que celui-là faisait à Beverley Hills, mais la dernière fois que je l'ai vu il lisait le script du prochain film de la série des *Transformers* et les agents d'artistes se l'arrachaient.

Quand je ne suis pas en train de réfléchir près de mon bassin, je suis dans mon jardin à jardiner. (Quand je ne suis pas en train de vérander sur la véranda.) J'adore jardiner. C'est thérapeutique. De fait, je traite la chose exactement comme une thérapie. Je raconte à mes plantes ce qui arrive dans ma vie, mes rêves et mes aspirations, mes peurs et mes regrets, et mon irritation quand quelqu'un s'arrête soudainement au bas d'un escalier roulant, apparemment insouciant de la filée de gens qui est derrière. J'ai beaucoup de facilité à parler à mes plantes de tous les sujets. Et le meilleur, c'est qu'au lieu d'avoir un thérapeute qui demande cent dollars l'heure, mes plantes me prennent seulement soixante.

Je viens de lire quelque part que le jardinage était le passe-temps favori des Américains. Enfin, je viens juste de l'écrire. Allez savoir si c'est vrai ! Ce que je sais, par contre, c'est que le jardinage est mon passe-temps favori. J'ai plusieurs hobbies, mais le jardinage a une place spéciale dans mon cœur. Je crois que c'est parce que le jardinage est hobby qu'on peut manger. On plante quelques graines, on arrose le sol et quelques mois plus tard on a assez de tomates pour faire une minuscule salade.

Il n'y a pas beaucoup de hobbies qui se mangent. Disons que vous aimez cuisiner, par exemple… Mauvais exemple. Disons que vous aimez voyager, et que partout où vous allez, vous découvrez la nourriture locale dans les meilleurs –

J'aime le jardinage en tant que hobby. Actuellement,

Portia et moi cultivons des tomates, des piments, des courgettes, des betteraves, des aubergines, du basilic et tout un assortiment de fines herbes. L'odeur est agréable, le jardin est magnifique et rien ne me rend plus fière que d'inviter des gens à dîner pour leur offrir littéralement les fruits de mon labeur. (Ce qui est très différent du fruit de mes entrailles. Dernièrement, lors d'un dîner, j'ai demandé à Martha Stewart si le fruit de mes entrailles avait bon goût et elle s'est presque étouffée dans sa soupe.)

Si vous n'avez pas de jardin, je vous encourage à en planter un. C'est agréable à faire et c'est bon pour la planète. Et vous savez ce que je dis toujours : si vous voulez ajouter un peu de piment dans votre vie, plantez de l'aneth. Et apprenez la salsa.

# Chapitre pour adultes seulement

～～

Comme je l'ai déjà dit, le public de mon émission n'a pas d'âge. J'ai beaucoup de très jeunes téléspectateurs, mais il y en a aussi de très âgés. Ce chapitre s'adresse à mes fans plus âgés – ceux d'entre vous qui sont légèrement plus matures. S'il y a des enfants qui lisent ce livre, tournez la page maintenant. Ce chapitre ne convient pas à un jeune public. Il s'adresse à des adultes qui font des expériences d'adultes, comme aller dîner avant six heures du soir et peiner à lire le menu quand l'éclairage est trop faible.

Plusieurs adultes dont je suis ont de la difficulté à lire les menus quand ils vont au restaurant parce que les caractères sont toujours trop petits. Je sais qu'il existe des produits qui peuvent aider à résoudre ce problème, tels des lunettes de lecture et des verres grossissants, mais j'ai une meilleure idée. Imprimez les menus en gros caractères. Il devrait y avoir une norme internationale pour la taille des polices sur les menus. Vous trouverez plus bas un exemple de menu avec des caractères de taille convenable. Vous verrez que la taille de la police est assez grande pour faciliter la lecture tout en étant agréable à l'œil.

# Menu du jour Chez DeGeneres

## APPÉRITIFS

*Salade de légumes verts biologiques
aux minuscules tomates*

## PLAT PRINCIPAL

*Quelque chose de délicieux*

## PLATS D'ACCOMPAGNEMENT

*Brocolinis et courgettinis de jardin*

## DESSERT
*Sorbet aux framboises avec câpres*

Je ne sais pas pourquoi mais tout a l'air plus raffiné avec des câpres.

# Conseils pour les joueurs

⊰⊱

J'adore le poker. Je joue chaque jour dans ma loge avant de faire mon émission. Je joue à la maison. Je joue chez des amis. Je joue en avion durant les vols de courte et longue durées. Bref, si je suis éveillée et ne suis pas en train de manger, de travailler ou d'entraîner mes chiens à mettre la table, je joue au poker.

J'avais l'habitude d'aller à Las Vegas. Quelle ville saine et propre ! Voici un détail amusant au sujet de Las Vegas : on peut y faire littéralement n'importe quoi. N'importe quoi. Vous pouvez fumer dans les casinos, vous pouvez boire à même quatre cruches de téquila à la fois, vous pouvez grimper sur une table de roulette vêtu seulement d'un bout de ficelle sur votre derrière et vous mettre à tourner avec la roulette si ça vous chante. Mais ce qu'on ne peut faire sous aucun prétexte – et croyez-moi, je l'ai appris à la dure –, c'est de manger des amandes à une table de black-jack. C'est une histoire vécue. J'ai déjà essayé de manger des amandes à une table de cartes et le croupier m'a priée d'arrêter parce que je n'avais pas le droit de les manger à cet endroit. Aventures sexuelles avec une prostituée ? Par ici. État d'ébriété très avancée sur la voie publique ? N'importe quand ! Besoin de protéines quand vous doublez la mise ? Comment osez-vous, petite effrontée ?

Je ne sais pas combien de joueurs il y a parmi vous. Comment pourrais-je le savoir ? Je vous connais à peine. Mais pour ceux qui ne détestent pas tenter leur chance, voici quelques conseils qui pourraient vous permettre de rester à flot si jamais vous vous retrouvez dans un casino ou dans un bateau de jeux sur le Mississipi au cours des prochains jours.

MACHINES À SOUS

Les machines à sous peuvent apporter des heures et des heures de plaisir. Il y a des trucs qui tournicotent et quand vous gagnez ils se mettent à clignoter en faisant un bruit de tonnerre comme si des pièces de monnaie tombaient de la machine -- même si de nos jours vous recevez seulement un bout de papier, ce qui est plus facile à transporter et beaucoup plus hygiénique, surtout si vous avez envie de jouer une partie puis de manger quelque chose avec vos mains, comme des amandes. Je plaisante. Vous n'avez pas le droit de faire ça dans un casino.

Toutes les machines ont des noms différents, tirés du royaume animal ou du monde du sport, de *Wheel of Fortune* et de *Sex and the City*. Y a-t-il moment plus excitant que celui où les drinks de Samantha s'alignent pour vous donner le gros lot ? Oui, et je vais vous le dire : celui où les chaussures de Terry Bradshaw s'alignent pour vous donner un lot encore plus gros.

Il ne fait pas de doute que les machines à sous sont agréables. Mais voici ce qu'il faut savoir quand on s'y adonne : partez quand vous avez le dessus. Partez. Puis revenez tenter le coup une dernière fois. Si vous ne remportez pas le gros lot immédiatement, repartez. Respirez. Pui revenez et tentez le coup avec la machine voisine. Vous savez que c'est celle-là que vous auriez dû prendre depuis le début. Elle vous parlait, mais vous n'avez pas écouté votre instinct. Si pour une raison quelconque vous ne gagnez pas le gros lot sur celle-là, repartez. Sérieusement. Partez, et filez droit vers la table de roulette.

ROULETTE

Vive la roulette ! Voici ce que je vous conseille : misez toujours rouge. À moins que le rouge ne sorte pas, auquel cas misez noir. De la même façon, misez toujours pair. Toutefois, si ça ne marche pas – et je ne saurais trop insister là-dessus –, misez impair.

Voici un autre conseil : n'allez PAS déposer un Tic Tac sur votre numéro chanceux à la table de roulette en pensant que les gens ne verront rien. Ils vont le voir. Ils ne vous en voudront peut-être pas autant de placer un Tic Tac sur la table de roulette que de manger une noix à la table de black-jack, par exemple, mais ils vous en voudront. Il y a des caméras partout dans les casinos. Partout. Si vous pensez être toute seule dans l'ascenseur quand vous regardez dans le miroir pour voir si vous avez quelque chose entre les dents, vous ne l'êtes pas. Il y a un agent de sécurité quelque part qui a une vue imprenable sur l'intérieur de votre nez.

Autre conseil pour la roulette : Si aucun de vos numéros, de vos couleurs ou des pairs et impairs ne sort, partez. Je suis sérieuse. Levez-vous, tournez le dos à la table et partez. Allez directement à la table de poker.

POKER

Vous savez ce que je dis toujours. Je le dis chaque jour et quand je ne le dis pas, je le chante. Il faut savoir quand miser et quand passer[1]. Et il ne faut jamais, jamais, jamais essayer de manger des amandes en écailles à une table de black-jack, pauvre idiote.

Donc, vous pouvez savoir vous-même quand miser et quand passer ou vous pouvez faire comme moi. Demandez d'abord aux autres joueurs ce qu'ils vont faire, puis décidez-vous. Vous pourriez même traiter la chose comme s'il s'agissait d'une partie amicale de Pige dans le lac. « Dites donc, est-ce que vous n'auriez pas un as de pique ? Une paire de rois, peut-être ? » Les joueurs vous répondront peut-être : « Pige dans le lac. » Ou peut-être répondront-ils quelque chose d'autre : « Va te faire... » Mais ça vaut la peine d'essayer.

Si vous trouvez que vous ne gagnez pas assez de mains au poker ou que les autres joueurs à la table semblent vous en vouloir, partez. Je n'ai jamais été plus sérieuse. Avalez vite vos quinze petits verres de vodka pure, empoignez votre prostituée, jetez vos amandes

---

[1] Tiré de la chanson *The Gambler*, de Kenny Rogers : « You've got to now when to hold them, know when to fold. »

dans la poubelle la plus proche et partez immédiatement. Rendez-vous à la table de dés.

LES DÉS

Pour être honnête, il est difficile pour moi de vous
conseiller puisque je ne comprends rien aux jeux de dés.
D'abord, vous ne pouvez pas vous asseoir, ce qui est
ridicule. Au lieu de quoi les gens s'entassent autour
d'une table sur laquelle ils jettent des trucs en criant
« Yo ! » et : « les deux sont faciles ! » et « les quatre sont
à moi ». On se croirait dans *Jersey Shore*. Mon seul
conseil pour les dés, et c'est davantage une requête
qu'un conseil : ne soufflez pas dessus s'il vous plaît et
ne les embrassez pas. Surtout durant la saison de la
grippe. Il y a déjà assez de bactéries dans un casino sans
qu'on se mette à cracher partout. Le petit baiser porte-
bonheur de l'un est la toux convulsive de l'autre.

Si vous trouvez que vous n'avez pas de chance aux
dés, partez. Prenez tous vos jetons, empochez-les – et
là je le pense vraiment – et allez droit vers le caissier.
Demandez-lui quel jeu vous devriez essayer maintenant.
Ils ont le flair pour ce genre de choses normalement.

Finalement, quoi que vous fassiez, quelque soit le
jeu auquel vous décidez de tenter votre chance – n'allez
jamais, jamais, jamais, jamais, jamais, jamais, jamais,
jamais même penser à apporter une petite collation
santé comme des amandes dans un casino.

Bonne chance.

# Chronologie de la journée
## d'une célébrité

≈ ≈

10 h – Réveillée délicatement par l'employé de maison Manuel.

10 h 0 min 7 s – Prononce doucement le mot « snooze », indiquant ainsi à Manuel qu'il doit revenir dans neuf minutes.

10 h 0 min 8 s – Rêve de poneys.

10 h 9 min – À nouveau réveillée tout en douceur par l'employé de maison Manuel.

10 h 9 min 5 s – Prononce doucement les mots « snooze » et « café », indiquant ainsi à Manuel qu'il doit revenir dans neuf minutes avec une tasse de café.

10 h 9 min 6 s – Rêve de poneys qui se lient d'amitié avec des tortues.

10 h 18 min – À nouveau réveillée doucement par l'employé de maison Manuel, qui me fait boire mon café.

10 h 25 min – Portée dans la douche.

10 h 30 – Lavée et shampouinée par « Robodouche 3000 », qui vante ma beauté.

11 h – Conduite au studio dans un dune buggy
électrique.

11 h 30 min – Accueillie par la réceptionniste,
qui vante ma beauté.

13 h – Nourrie à la petite cuiller.

13 h 30 min – Yoga.

14 h 30 min – Pilates.

16 h – Enregistrement de l'émission de télé.

17 h – Retour en hélicoptère.

18 h – Repas du soir pris à ma cabane dans l'arbre ;
nourrie à la petite cuiller.

20 h – Avant de faire dodo, l'auteur du livre que je
suis en train de lire me fait la lecture ; bordée par
l'employé de maison Manuel, qui vante ma beauté
et me souhaite des rêves de poneys.

# Dormir

⤳ ⤪

J e viens de lire une statistique intéressante : 49 pour cent des gens disent « rénumérer » au lieu de « rémunérer ». J'ai aussi lu que 33 pour cent des Américains souffrent d'un trouble du sommeil. C'est beaucoup. Selon mes calculs, cela signifie que 104 pour cent des gens qui lisent ce livre actuellement ont de la difficulté à dormir la nuit.

Environ la moitié d'entre vous vont prendre des somnifères pour essayer de s'endormir, et j'avoue que c'est une statistique qui m'inquiète. Je ne suis pas docteur ni mère de famille ni cette femme âgée dans *Les anges du bonheur* qui essayait de mettre les gens dans la bonne voie, mais quand j'entends parler que des amis ou des proches veulent prendre des somnifères, je ne sais pas pourquoi mais j'aimerais les en dissuader

Je sais pourquoi je me fais de la bile. C'est à cause de toutes les histoires qui circulent sur des gens qui font des bêtises après avoir pris des somnifères : des gens qui se lèvent et marchent durant leur sommeil, qui conduisent durant leur sommeil, qui mangent même durant leur sommeil. Certaines personnes font plus de choses durant leur sommeil que j'en fais durant tout le week-end.

Ce sont les somnambules mangeurs qui me fascinent. Les gens se lèvent au milieu de la nuit et se mettent à manger ce qui leur tombe sous la main – et ce ne sont pas toujours des denrées comestibles. Ils n'en gardent absolument aucun souvenir jusqu'à ce qu'ils se réveillent le lendemain matin et trouvent les restes d'un sofa à moitié dévoré dans le salon.

Certains ne s'en aperçoivent qu'après avoir commencé à prendre du poids. J'ai lu quelque chose au sujet d'une personne qui avait pris trois kilos et n'avait pas idée comment. Pouvez-vous vous imaginer vous réveiller un jour remplie de pouding et forcée de demander à votre mari : « Chéri, petite question : a-t-on a fait une croisière d'une dizaine de jours la nuit dernière ? »

Parce qu'il est absolument essentiel de bien dormir pour rester sain de corps et d'esprit, et parce que je suis ce que je suis, je veux faire tout mon possible pour aider mes lecteurs en manque de sommeil. J'ai trouvé des trucs que vous pourriez essayer pour vous endormir sans recourir aux drogues. Donc, cher lecteur, si vous faites partie des millions de personnes qui souffrent d'insomnie, lisez ce qui suit pendant que j'essaie de vous guérir.

Certains d'entre vous lisent peut-être ce livre au lit en espérant s'endormir. Vous êtes bêtes ! À moins de vous fatiguer à force de rire, ce n'est pas du tout le genre de livre pour vous assommer. Vous devriez plutôt lire quelque chose d'ennuyeux, comme une histoire écrite par Harry Connick Jr, par exemple. Mieux encore : lisez un livre de math ou un manuel scientifique. Vous allez dormir comme un bébé. Mais le temps de trouver l'un des ces livres dans la maison, il sera déjà minuit. De plus, je ne veux pas que vous ayez à sortir du lit maintenant. Vous risquez de vous prendre les pieds dans le câble de la lampe en vous rendant à la bibliothèque. Le câble va faire tomber la lampe et l'ampoule va éclater en mille morceaux. Vous continuerez de marcher en faisant de votre mieux pour éviter les morceaux de verre, mais allez donc éviter tous ces éclats minuscules éparpillés dans le tapis ! Vous poserez le pied sur un éclat de verre et vous exclamerez : « Zut ! » parce que votre résolution du nouvel An était de ne plus dire de gros mots et même si ce n'est pas facile vous avez réussi à la tenir jusque-là. Sauf le jour où vous vous êtes coincé le doigt dans la fenêtre de la voiture en face de l'église. Cette fois-là vous avez lâché une série de jurons si terribles que vous n'osez plus fréquenter cette église et préférez aller prier dans la ville voisine.

Après avoir crié « Zut ! », votre mari ou votre femme ou votre fils ou votre fille se fera réveiller par le bruit. Votre fils était probablement déjà réveillé parce qu'il venait juste de rentrer après être sorti en cachette pour aller rejoindre ses amis dans le stationnement du centre commercial. C'est ce que vous craignez par-dessus tout : qu'il se mette à faire les quatre cent coups, mais en réalité c'est un bon garçon qui essaie seulement de trouver sa place et de s'amuser avec ses amis. En fait, il n'a jamais fumé ni même touché à une cigarette, ni fumé quoi que ce soit d'autre, d'ailleurs. Je veux dire, une fois il a pris de la cocaïne mais seulement parce que ses amis lui avaient dit que c'était du sucre. Or, qui n'aime pas le sucre ? Surtout après avoir couché avec une prostituée. Je ne dis pas que votre fils a couché avec une prostituée, je dis seulement que tout le monde aime le sucre.

Donc, votre fils se précipite dans le salon pour voir ce qui se passe. Il vous trouve en train de serrer votre pied, qui saigne à cause des éclats de verre, et de marmonner quelques jurons à voix basse. C'est un beau moment, en fait, puisqu'il vous apporte de la glace et vous demande si tout va bien. Vous lui dites que ça va et vous lui demandez s'il peut vous prêter un de ses livres d'algèbre parce que vous avez du mal à vous endormir. Il se trouve qu'il est à sa dernière année du secondaire et il n'a pas fait d'algèbre depuis trois ans. Ils font du calcul maintenant. Alors il se fâche parce que vous ne savez rien à son sujet, il crie quelque chose à propos de « son vrai père » et sort de la maison en claquant la porte. Mais il ne vous a pas dit où étaient ses livres de math. Vous n'êtes donc pas plus avancé et même vous avez reculé à cause des éclats de verre dans votre pied et du chagrin dans votre cœur.

J'ai donc eu l'idée d'inclure quelques problèmes de math dans ce chapitre. Vous n'avez qu'à les lire et vous vous retrouverez bientôt en train de rêver à des arcs-en-ciel, à des petits chiens ou à vous-même tout nu dans un cours d'anglais.

$E = MC2$. Toujours debout ?

La racine carrée de 144 est 12. Encore là ?

Si un train transportant des pantalons cargo roule vers l'est à 90 kilomètres heure tandis qu'un autobus rempli de bananes roule vers le nord à 100 kilomètres heure, combien de chemises de l'archiduchesse seront-elles sèches et archi-sèches ? Dormez-vous maintenant ?

Bon, si ça n'a pas marché, je peux encore vous aider. Les gens adorent compter les moutons pour s'endormir. Mais la tâche peut être ardue, parce qu'il faut sortir du lit, trouver un berger réputé dans les environs et espérer qu'il pourra vous livrer plus de 109 moutons à pied levé. Je vais donc vous recommander plutôt de compter… attention : des moutons imaginaires. Ouais ! C'est pour ça qu'on me paie si cher. Pour des idées comme celle-là.

Essayons ensemble. Un. Deux. Trois. Quatre. Cinq. Six. Sept, Huit. Neuf. Dix. Onze. Quatorze. Vingt. Vingt et un. Vingt-deux. Quarante-huit. Vous savez quoi ? Je ne compte pas très bien. Passons à autre chose.

J'ai encore une autre idée. Elle a plus de chances de fonctionner si vous imaginez que je plane au-dessus de votre tête en balançant une montre de poche de part et d'autre. Regardez droit devant vous. Vous avez de plus en plus sommeeeeeeeiiiiiiil. Vous êtes trèèèèèèèèèèèèès endormiiiiiiiiiiiiiiii. Trèèèèèèèèèèèèèèèèès – attendez ! RÉVEILLEZ-VOUS ! Je viens de me rendre compte d'une chose très importante. Je ne veux pas que vous vous réveilliez demain matin, alliez travailler et disiez à tout le monde que vous vous êtes endormi la nuit passée en lisant mon livre. Qu'est-ce qu'ils penseraient ? Ils penseraient que mon livre est nul et barbant. C'est hors de question. Réveillez-vous ! Allez vous préparer une tasse de café, mettez-y un peu de Red Bull, aspergez-vous le visage à l'eau froide et tournez la page !

# Lettre à l'agence de sécurité du centre commercial

∽ ≈

À qui de droit,

Je vous écris en réponse à votre lettre datée du 3 mars au sujet de mon implication présumée dans ce que votre compagnie appelle « l'incident du vase brisé ».

Premièrement, félicitations à votre équipe de m'avoir trouvée si rapidement à partir, je suppose, de ma seule plaque d'immatriculation. Je vous assure que je ne « fuyais » pas comme vous dites. J'allais simplement à un rendez-vous dont je venais tout à coup de me souvenir. Et si vous avez cru entendre les mots : « Va au diable, pauvre con » alors que ma voiture s'éloignait, c'est qu'il se trouve qu'une chanson passait à la radio dont le refrain est : « Va au diable, pauvre con ! Va au diable, patate ! C'est pas un agent de sécurité qui va m'épingler ! »

Je suis prête à admettre que c'était bien moi qu'on a vu circulant dans les allées du centre commercial sur un gyropode que j'avais emprunté à un agent de sécurité. Je tiens à offrir mes plus plates excuses pour le brouhaha qui s'ensuivit.

Mon intention n'a jamais été de conduire le gyropode d'un bout à l'autre du centre commercial, dans l'escalier roulant chez Macy's et dans l'ascenseur chez JC Penney, autour du stationnement et jusque dans la cuisine du Cheesecake Factory. Je voulais le retourner au QG de l'agence de sécurité ; or je sais maintenant que celui-ci est situé à l'intérieur du centre commercial, sous l'enseigne « QG de la Sécurité », et non dans la benne à ordures à l'extérieur du restaurant.

Pour ce qui est du vase brisé chez Pottery Barn, je n'y suis pour rien et je suis trop heureuse de pouvoir vous expliquer comment il s'est retrouvé cassé en mille morceaux sur le plancher du magasin. Ce qui est arrivé, c'est qu'après fait un peu de lèche-vitrines, j'étais fatiguée et j'ai décidé de m'asseoir à l'intérieur du Pottery Barn au deuxième niveau. Ils ont les fauteuils de loin les plus confortables. J'ai dû m'endormir et, une heure plus tard environ, j'ai senti quelqu'un qui me tapait sur l'épaule. J'ai sursauté, naturellement, et la raison pour laquelle j'ai donné un coup de poing au visage de l'employé qui m'a réveillée, c'est qu'à ce moment précis j'étais en train de rêver que j'étais une boxeuse professionnelle en plein combat contre Mike Tyson dans un magasin Crate and Barrel. C'est bizarre, je sais, puisque, comme je l'ai dit plus tôt, je me trouvais en réalité dans un Pottery Barn.

L'employé – je crois qu'il s'appelait Jon, ou Joe, ou Wisconsin, je ne sais plus, les gens ont tellement des drôles de noms de nos jours – m'a demandé de quitter les lieux puisque je n'achetais rien et que d'autres clients voulaient essayer le fauteuil. Il était impoli et je lui ai dit ma façon de penser.

Au même moment, mon téléphone a sonné. C'était une amie à moi nommée Carol à qui je n'avais pas parlé depuis des mois. Elle était très excitée parce qu'elle venait de recevoir une promotion au travail. Je n'entrerai pas dans les détails mais elle travaille au département des ventes pour une grande compagnie de télécommunications depuis presque vingt-trois ans et elle attendait cette promotion depuis très longtemps. Ils ont dû procéder à des compressions de personnel au fil des ans et les temps sont durs maintenant parce que beaucoup de gens passent au téléphone cellulaire. Saviez-vous que plus personne n'a une ligne terrestre de nos jours ? Carol est une spécialiste des lignes terrestres. Je ne sais pas si c'est son titre exact, mais c'est son département. Je me sens toujours un peu coupable quand elle doit m'appeler sur mon cellulaire ; c'est comme si je m'attaquais directement à son gagne-pain. Elle ne m'en veut pas du tout. On en a parlé plusieurs fois et ce n'est pas un problème pour elle ; seulement, c'est quelque chose que j'ai toujours en tête. Mais voyez-vous, c'est ce genre de conversations, où chacun déballe ce qu'il a sur le cœur, qui font les vraies amies.

Donc, quand Carol m'a dit qu'elle avait été nommée vice-présidente ou présidente ou quelque chose de toute la compagnie – je ne sais plus quel titre, on entend très mal dans un centre commercial – j'étais excitée. Je me suis mise à sauter de joie dans mon fauteuil. Ce qui, apparemment, aurait délogé un coussin qui à son tour aurait heurté le vase qui à son tour aurait tombé et se serait brisé. Je ne sais pas qui décore vos magasins, mais il serait peut-être sage de mettre des tapis quand on a des objets fragiles à exposer, des objets qui risquent de tomber et d'éclater en mille morceaux au moindre petit saut dans un fauteuil.

De toute façon, comme vous le voyez, tout est la faute de Carol. Je vous donnerai avec plaisir son numéro de téléphone et son adresse postale pour que vous puissiez lui envoyer une copie de la facture. Je vais moi-même lui envoyer la mienne.

Maintenant, si je suis sortie du magasin à toute vitesse au moment même où Carol me faisait briser le vase, c'est, rappelez-vous, parce que Wisconsin m'avait demandé de quitter les lieux. Et après être sortie du magasin, si je me suis cachée derrière un kiosque jusqu'à ce que Wisconsin ait disparu, c'est parce que j'avais vu un magnifique chapeau qui avait l'air de ma taille. Je ne sais pas si vous aimez les chapeaux, mais ce kiosque offre un choix épatant. Parce que j'ai une petite tête, j'ai de la difficulté à trouver des chapeaux, alors quand j'en vois quelques-uns qui pourraient me faire, il faut que je m'arrête.

Enfin, quand Wisconsin m'a rattrapée – et je le félicite de m'avoir reconnue derrières ces lunettes de soleil et cet immense chapeau de plage –, si j'ai parlé avec un accent français en prétendant ne pas comprendre ce qu'il disait, c'est parce que je répétais le rôle que je dois jouer prochainement dans un film français intitulé *Le Mysterious Lady*.

J'ai l'habitude de plonger dans mes rôles même quand je répète et c'est pourquoi j'ai eu vite fait d'emprunter son gyropode à l'agent de sécurité qui s'approchait de nous. Avez-vous remarqué que tous les films français ont une scène de poursuite dans laquelle une voiture descend une longue série de marches ? C'est ce que j'essayais de reproduire quand j'ai engagé le gyropode dans l'escalier roulant. Je me rends compte maintenant que c'était très dangereux et c'est un malheureux hasard qui a voulu que je crie cette longue série de jurons juste au moment où passait ce cortège de jeunes enfants. Mais vous admettrez qu'ils sont mignons quand ils répètent ces gros mots avec leurs petites voix.

Quant à l'argent que j'ai pris dans la fontaine du centre commercial, il y a une explication toute simple. Après les incidents du Pottery Barn, la poursuite en gyropode et ma transformation en geisha au comptoir des cosmétiques de Bloomingdale, je me suis arrêtée près de la fontaine pour reprendre mon souffle. J'ai vu quelques enfants faire des souhaits en jetant des pièces de monnaie dans l'eau et je leur ai expliqué que plus ils jetaient d'argent, plus leur souhait risquait de se réaliser. Je veux dire, on ne va pas loin avec cinq sous de nos jours et les enfants ont besoin d'apprendre cette leçon. J'étais sous l'impression que tout montant supérieur à un sou jeté dans la fontaine par ces enfants m'appartenait. Je n'avais certainement pas prévu qu'en entrant dans l'eau pour réclamer mon dû, j'allais provoquer une telle ruée vers le bassin suivie d'un grand concours d'appuis renversés en apnée.

J'ai cru comprendre que vous aviez l'intention d'engager des poursuites contre moi, mais je dois dire que n'eût été tout le stress causé par Carol quand elle a brisé le vase, rien de tout cela ne serait arrivé.

Sincèrement et tendrement,
Ellen

P.S. Si vous vous demandez comment il se fait que trois des chevaux du carrousel ont été retrouvés dans ma cour arrière, je serai heureuse de vous l'expliquer dans une prochaine lettre.

# Comment devenir milliardaire

1. Faites beaucoup d'argent.

2. Ne le dépensez pas.

# Cinq manières extrêmement faciles de devenir très riche

1. Gagner le gros lot à la loterie.
2. Créer un site de réseautage social auquel chaque personne sur terre et dans l'univers voudra se joindre.
3. Écrire un tube en utilisant les mots « amour » et « je me souviens ». Les gens adorent les chansons qui parlent d'amour et de souvenirs.
4. Écrire une série de romans à succès sur des vampires hobbits adolescents aux pouvoirs magiques.
5. Vendre les droits desdits romans de vampires hobbits adolescents aux pouvoirs magiques à l'un des grands studios d'Hollywood pour qu'ils en fassent une série de films à succès.

Voilà. Facile.

# Dans ma tête

～∽～

J e suis en congé actuellement. Ou bien, comme disent certaines personnes, je suis en vacances. Ou encore, comme disent d'autres personnes, je paye cher pour rester assise sur la plage à ne rien faire d'autre que manger, dormir et manger. Les dernières années ont été fort occupées et c'est la premières fois depuis très longtemps que je peux faire une pause et m'asseoir tranquillement pour relaxer et ne plus penser à rien. Je vais rester assise là à regarder l'océan et, même si cela peut sembler irresponsable, je vais laisser mon esprit partir de son côté… s'en aller… où il veut… sans aucune supervision.

Et voilà, c'est parti.

Ahhhhhhhhhh. Quelle agréable sensation. Cette brise océane, c'est Mère Nature qui souffle doucement sur mon visage. D'ordinaire, je n'aime pas quand les gens me soufflent leur haleine en plein visage, surtout quand ils viennent de fumer une cigarette ou de prendre un café ou de manger un morceau de gouda, mais là c'est bien.

L'océan est magnifique. Un bleu cristallin. Presque

turquoise, ou *aquamarine*. Aqua. Hum. « Aqua » ressemble beaucoup à « agua », qui signifie « eau » en espagnol. Je me demande si c'est voulu. La agua est aqua. C'est drôle. Oups, j'ai parlé à voix haute. Il y a mon voisin de plage qui me regarde maintenant. Je suis désolée, Monsieur. Je suis désolée d'être trop intelligente et de savoir que « agua » veut dire « eau » en espagnol. Je sais aussi comment dire « allô » en espagnol. Je ne me rappelle pas maintenant, mais ça va me revenir. Tu peux donc manger ton chapeau, Monsieur.

Il y a quelqu'un qui porte des tongs qui vient de passer. La pauvre, elle n'avait pas l'air très confortable dans ses sandales qui jetaient du sable partout. Tantôt, elle va trouver du sable dans des endroits qu'elle ne connaissait même pas. Je parie qu'il va y en avoir jusque dans son lit. Je l'imagine en train de se retourner dans son lit en plein milieu de la nuit ; elle venait de rêver que Goldie Hawn la poursuivait dans un escalier en colimaçon à Guadalajara et la voilà avec du sable plein le visage. C'est peut-être ce qu'elle voulait, d'ailleurs. Le sable peut être un exfoliant.

Je me demande qui a inventé ce type de sandales. Ce doit être quelqu'un qui aime les douleurs articulaires ou qui déteste se déplacer rapidement. J'espère que cette femme n'est pas pressée parce qu'elle n'est pas arrivée. Elle pourrait aussi bien porter des talons hauts. Je ne sais pas si j'ai déjà vu quelqu'un porter des talons hauts avec un maillot de bain sur la plage. Je l'ai vu à l'émission the Price is Right, c'est sûr. Plinko est un jeu tellement amusant.

Il faut aimer souffrir, n'est-ce pas ? On porte des talons hauts et des sandales de plage. Juste une mince semelle de caoutchouc munie d'une bride en plastique coincée entre les orteils. Et c'est acceptable, comme chaussure ? On se fait épiler le maillot. On se pince quand les choses vont trop bien. Pourquoi ne pourrait-on pas garder ses poils, porter des chaussures confortables et se donner plein de bisous partout quand les choses vont bien ? C'est ce que font les hippies, je suppose. Je devrais déménager vers le nord et me faire hippie.

Zut, pourrai pas ! J'ai un rendez-vous chez le dentiste la semaine prochaine.

Ahhhhh. Je vais juste fermer les yeux une seconde.

L'incident de la barre de sable est quand même gênant. J'aurais dû les faire répéter avant d'aller voir. J'ai cru qu'ils parlaient d'un « bar » de sable. Je ne suis sûrement pas la première personne à nager jusque-là en espérant se faire servir un Mai Tai par un dauphin. Ils devraient dire « tas de sable au milieu de l'océan », cela porterait moins à confusion que « barre de sable » . Stupide océan. Mais c'est du passé maintenant. Je m'en remettrai.

Moi, par exemple, si j'envoyais quelqu'un voir un bateau-mouche et qu'il s'attendait à trouver une mouche de la grosseur d'un bateau, je ne rirais pas de lui. L'erreur est humaine, non ? Enfin, c'est fini. C'est déjà oublié.

Oh, la la. Je sens quelque chose sur mon bras. J'espère que ce n'est pas un écureuil. Mais non, c'est une fourmi. Allô, gentille fourmi !

Je ne sais pas pourquoi on dit que les gens fourmillent quand ils s'agitent. Les fourmis ne fourmillent pas. Au contraire, à les voir bâtir leurs petites huttes de fourmis, elles semblent plutôt patientes et calmes. Je suis sûre qu'on aurait pu trouver autre chose à se mettre dans les jambes qui aurait été aussi désagréable que des fourmis. Pourquoi ne dirait-on pas qu'on a des mouches ou des miettes de pain ou des porcs-épics dans les jambes ? Ce serait la même sensation de picotement et les fourmis auraient moins mauvaise réputation.

Je connais le fourbi.

Oh, les jolis bateaux ! En voilà un qui s'arrête près de la barre de sable. Ils s'attendent probablement à boire un coup. Idiots. Il n'y a pas de bar. C'est juste un tas de sable.

Savez-vous quels autres mots je trouve jolis ? Huile de palme. « Palme » est un beau mot. J'aimerais avoir une amie nommée Palm. Je vous présente Palm, mon amie. Oh ! Oh ! Je l'ai dit à voix haute. Maintenant cet homme me regarde vraiment. Il pense que je suis folle. Quel culot il a de penser que je suis folle parce que je parle à haute voix. Je ne suis pas folle. Je suis sûre qu'il s'est fait le même genre de réflexions. Je parie qu'il aimerait avoir une amie qui s'appelle Palm.

Je vais me contenter de lui sourire. Non, je n'aurais pas dû. Je crois que j'ai un morceau de brownie collé à une dent. Maintenant il doit vraiment penser que je suis folle parce que je parle tout haut et qu'il me manque une des dents de devant. Ce n'est pas parce qu'on parle tout haut et qu'on a une dent de devant manquante qu'on est folle. Il y a bien d'autres choses qui font de vous une folle, comme de traîner un chariot de supermarché à longueur de journée. Je ne veux pas étiqueter les gens, mais d'ordinaire quelqu'un qui n'est pas parfaitement équilibré trimballe un chariot de supermarché.

En fait, c'est une très bonne idée. Je devrais avoir mon propre chariot. Quelle merveilleuse invention ! Parce que je ne porte jamais de sac à main, j'ai l'habitude de tout mettre dans mes poches. Mais je pourrais en mettre tellement plus dans un chariot ! Les gens diraient : « Tu arrives du marché ? » Et je répondrais : « Mais non ! C'est ma sacoche à roulettes ! » Sauf que j'aurais peut-être un peu de difficulté à la faire entrer dans ma voiture, ma sacoche à quatre roues. Enfin…

*Hola.* Voilà comment on dit allô en espagnol. Je savais que ça me reviendrait. Vous voyez bien, Monsieur, que je ne suis pas folle ! Oups. Je l'ai dit à haute voix.

# Une très courte nouvelle : Romance

Dès l'instant où leurs regards se sont croisés – c'était à un concert d'Aerosmith durant leur tournée dite « de réunion » –, Levar et Belinda ont éprouvé une vive attirance l'un envers l'autre. C'est comme s'ils s'étaient connus toute leur vie. Ils sont allés chez Belinda, parce que c'est elle qui habitait le plus près, et se sont embrassés. C'était mal ? Ou c'était la meilleure chose qui leur soit jamais arrivée ? Blottis près du feu, il a posé la main sur sa cuisse et ils ont parlé de leur avenir. Puis ils se sont fait des trucs durant toute la nuit.

# Les rêves

≈

J e suis fasciné par les rêves. Pas les rêves du genre :
« Je veux être pilote quand je serai grand. » Ces rêves-
là sont stupides et ennuyeux. Je parle des rêves qu'on
fait la nuit en dormant. Ou encore, s'il y a des hiboux
qui lisent ces lignes – parce que je ne veux exclure personne –, les rêves qu'on fait le jour en dormant.

Les rêves sont censés représenter ce qui se passe
dans le subconscient. Je ne sais pas ce que vous en pensez, mais j'en suis proprement terrifiée. Qu'est-ce qui
peut bien se passer dans mon subconscient pour que je
rêve d'être une travailleuse du textile vivant à Albu-
querque dans la maison où j'ai grandi avec Jamie Lee
Curtis, trois lions et Kermit la grenouille ? En fait, non.
Laissez tomber. Je préfère ne pas savoir.

Je me rends compte que je viens de vous imposer la
description d'un de mes rêves. Je sais combien c'est agaçant quand les gens me racontent leurs rêves, alors je
n'ai pas l'habitude de le faire aux autres. Je suis convaincue que vous avez tous de ces rêves complètement fous
à analyser et je ne vais pas vous accabler des miens. Ce
serait vraiment, vraiment agaçant.

Sauf que j'ai fait un rêve la nuit passée dont il faut que je vous parle parce que vous en faisiez partie. Je sais que ça semble fou, mais c'est la stricte vérité. Vous étiez là. Oui, vous. Ne regardez pas derrière vous. Je parle bien de vous. Ma lectrice. Nous étions sur une patinoire en Allemagne avec le pape et le colonel Sanders. C'est fou, hein ? Je sais ! Le colonel Sanders, qui n'est pas très bon patineur, tombait sans arrêt. Mais le pape était fantastique ; il faisait de ces figures en huit qui étaient vraiment de calibre olympique. Je lui ai demandé s'il pouvait être intéressé à jouer dans mon équipe de hockey sur glace. Dans mon rêve, je faisais partie d'une équipe de hockey. C'est très surprenant parce que dans la vraie vie je n'ai jamais mis les pieds sur une patinoire. Ce n'est pas que je sois incapable de patiner, mais je n'aime pas avoir froid. Et puis, je suis incapable de patiner.

Le pape m'a dit qu'il aimerait bien, mais soyons honnête : j'ai eu l'impression que c'était plutôt le genre de réponse évasive : « Ouais, pourquoi pas ? Je te rappellerai. » Mais j'ai compris. C'est le pape, après tout.

Bref, à un moment donné j'ai remarqué que vous aviez un peu de choucroute sur la lèvre, alors j'ai dit : « Vous avez un peu de choucroute sur la lèvre. » Et vous avez répondu : « Où ça ? Là ? » Et j'ai dit : « Non, de l'autre côté. » Vous avez essayé de l'enlever avec la langue, mais quand elle est sortie de votre bouche votre langue mesurait un mètre de long, comme une langue de reptile. Et alors – et alors – vous vous êtes métamorphosée en dragon de Komodo. Vous savez, ces lézards géants qui vivent dans les îles près du Japon ? Alors je me suis dit : « C'est bien ma chance. Comment je vais faire maintenant pour enlever ses patins à un dragon de Komodo ? » Parce que c'étaient des patins loués et j'avais laissé une caution de dix dollars. À ce moment-là, je ne savais plus si vous étiez un dragon de Komodo qui était encore mon amie ou un vrai dragon de Komodo – et les dragons de Komodo sont venimeux, sans parler de leur queue qui est très puissante. J'ai dit : « Betsy ! » Est-ce que c'est votre nom ? En tout cas, ce l'était dans mon rêve. Donc j'ai dit : « Betsy ! » pour voir si vous saviez que vous étiez devenue un dragon de Komodo. J'ai cru que si vous étiez encore Betsy, vous pourriez parler comme un être humain malgré votre langue de lézard.

Eh ben, ce qui suit, vous ne le croirez pas ! Vous ne m'avez pas répondu. Plutôt, vous vous êtes mise à chanter. Vous vous êtes levée sur vos jambes de derrière, en appui sur votre queue, et vous êtes mise à chanter des chansons tirées des vieilles comédies musicales de Broadway. Ethel Merman est soudain apparue, et elle chantait avec vous. Une foule s'est rassemblée tout autour et quand vous avez toutes les deux terminé, tout le monde a applaudi chaleureusement. Les gens disaient : « Il chante drôlement bien, le dragon de Komodo ! » J'ai répondu : « C'est Besty ! C'est mon amie ! » J'étais tellement fière de vous. Vous avez salué la foule et votre queue a grafigné Ethel Merman au passage, mais elle était tellement contente de votre performance qu'elle n'a rien dit.

Deux secondes plus tard, nous étions de retour aux États-Unis ; c'était le début des années quatre-vingt-dix et vous auditionniez pour l'émission *Star Search*. Vous étiez encore partiellement dragon de Komodo et je vous avais fait coudre une robe exprès pour que votre queue soit dégagée. Cette robe m'avait couté cher. Vous étiez un peu nerveuse de chanter devant Ed McMahon parce que vous l'aimiez beaucoup, mais vous avez très bien chanté. Vous avez obtenu deux étoiles et trois quarts. Malheureusement, vous avez été battue par le groupe rock Journey.

Vous aviez le cœur brisé d'avoir perdu, alors je vous ai emmenée dans un bar prendre un verre. On s'amusait bien jusqu'à ce qu'un poivrot se mette à rire de votre robe. Je lui ai donné un coup de poing en plein ventre et j'ai été virée. Vous n'avez même pas essayé de prendre ma défense. C'était tellement vache de votre part ! Vous savez quoi ? Après tout ce qui nous est arrivé, vous vous prenez pour qui ? Je ne sais même pas comment vous avez eu le culot d'acheter mon livre. Je suppose que vous avez fini par vous payer l'opération pour redevenir humaine, probablement avec l'argent que je vous ai fait gagner. Ne vous levez pas pendant que je vous parle ! Qui est-ce qui vous téléphone ? C'était un texto ? De votre nouvelle meilleure amie, je parie ? Je me demande si vous lui avez dit que avez déjà été reptile ? Je parie qu'elle ne serait pas aussi pressée de vous conduire à l'aéroport, si elle connaissait tous vos mensonges. Vous n'êtes plus aussi cool, hein ?

Je suis désolée de m'être fâchée. Vous ne le méritiez pas. Ce n'était qu'un rêve et de toute évidence j'ai des problèmes avec les reptiles, mais cela n'a rien à voir avec vous. Je suis tellement contente que vous ayez acheté mon livre. J'espère que vous aimerez les chapitres suivants qui ne vous concernent probablement pas. Vous êtes très bien en humaine, soit dit en passant. Quelle sorte de crème hydratante utilisez-vous ?

# Sérieusement… je plaisante !

⤳ ⤸

L'un des plus grandes difficultés quand on écrit un livre, c'est de trouver le titre. On ne peut pas faire un livre sans titre. On ne peut pas. J'ai demandé. Et c'est très important parce que le titre est la première chose que les gens vont savoir à propos de votre livre. Alors il vous en faut un bon.

Étant donné que ceci est mon troisième livre, le défi était encore plus grand parce que j'ai déjà utilisé deux très bons titres : *My point… and do I have one* (*Ce que je veux dire… et j'allais le dire*) et *The funny thing is…* (*Le plus drôle, c'est…*).

Pour trouver le titre de ce troisième livre, j'ai cru qu'il pourrait être utile de consulter quelques listes de best-sellers pour voir le genre de titres qui avaient eu du succès dans le passé. C'est ainsi qu'au début, j'ai pensé appeler mon livre *Mange, prie, aime, tome 2*, ou *Harry Potter et la trilogie du Seigneur de Twilight*, ou encore *Les joies du sexe, tome 2 : encore plus de joies !* Malheureusement, mon avocat m'a dit que je n'avais pas le droit d'utiliser ces titres à cause d'un petit quelque chose qui s'appelle la « violation du droit d'auteur ». Remarquez que je n'étais pas fâchée, finalement, parce qu'après avoir écrit les premiers chapitres des *Joies du sexe, tome 2*, j'étais profondément mal à l'aise.

J'ai finalement opté pour *Sérieusement... je plaisante !* parce que, sérieusement... je plaisante. (Vous noterez que ce titre contient également des points de suspension, caractéristique de tous mes titres. J'ai pensé ne pas utiliser les trois points et l'intituler : *Sérieusement, je plaisante*, ou *Sérieusement ? Je plaisante*, ou *Sérieusement % je plaisante*, mais à la fin j'ai décidé de rester dans la tradition des deux premiers. J'aime la tradition. Et le jus de betterave.)

Parque je suis une comédienne, les gens savent d'ordinaire que je plaisante. De fait, la plupart du temps, les gens supposent que je plaisante même quand j'essaie d'être sérieuse. Cela peut devenir frustrant, surtout chez le docteur ou chez le dentiste. Je peux dire quelque chose comme : « Vous me rentrez le coude dans le cou » ou « je crois que j'ai encore besoin de novocaïne », et l'hygiéniste se met à rire comme si c'était la chose la plus drôle qu'elle ait jamais entendue.

Je trouve toujours ça drôle quand les gens sentent le besoin de préciser qu'ils plaisantent. Le plus souvent, c'est quand qu'ils viennent d'insulter quelqu'un en voulant faire une blague, telle que : « Au moins, s'il peut, on pourra s'abriter sous ta coiffure. Je plaisante ! J'adore ta coiffure. Sérieusement... je plaisante ! » Voici un conseil de professionnelle : si vous êtes forcé de dire que vous plaisantez, ce n'était sans doute pas une très bonne blague.

J'aime aussi ce titre parce qu'il me rappelle le fait que nous nous contredisons sans cesse dans la conversation. Nous disons des choses comme : « Si je veux aller à ce concert ? Oui, peut-être… » Et quand quelqu'un raconte une bonne histoire, nous disons : « C'est pas vrai ! Je le savais… » Un jour j'ai surpris une amie en arrivant à l'improviste à l'une de ses soirées, et elle s'est écriée : « Ellen, tu vas me faire mourir ! Viens que je t'embrasse ! » Je ne savais plus quoi penser.

Il y a des « secrets bien connus » et des gens qui sont si heureux qu'ils « pleurent de joie ». Parfois les choses vont tellement mal qu'il vaut mieux en rire et parfois on est en si mauvaise posture qu'on se retrouve dans de beaux draps. Bref, la plupart des temps, je n'ai aucune idée de ce que les gens veulent dire.

Je ne sais pas comment on peut être sérieux et plaisanter au même moment, mais j'espère sérieusement que vous avez apprécié *Sérieusement… je plaisante !* Passez le mot, parlez-en à vos amis, achetez une copie peut-être pour votre belle-mère si elle est trop radine pour acheter la sienne. Non, je plaisante. S'il vous plaît, ne lui dites pas ce que je viens de dire. C'était juste une blague. Sérieusement… je plaisante.

# Le dernier chapitre

≈ ≈

Nous voilà donc arrivés à la fin de notre voyage. Ce fut une belle aventure, n'est-ce pas? J'ai eu beaucoup de plaisir à vous parler et je crois que nous pouvons dire tous les deux que nous en savons un peu plus l'un sur l'autre. J'ai certainement appris un tas de choses grâce à la caméra intégrée au livre, dont je ne vous ai jamais parlé.

Or donc, en conclusion et en résumé, pour récapituler et pour finir en beauté de manière à boucler la boucle avant d'avoir à se quitter dans un mode plus conclusif, permettez-moi de vous laisser ces quelques mots d'adieu : Soyez heureux. Faites ce qui vous rend heureux dans les limites de la légalité. Faites des choses qui vous apportent fierté et satisfaction. Ce peut être quasiment n'importe quoi. Nommez quelque chose. Oui, bien sûr, pourquoi pas ?

Faites votre part. Aidez les gens. Aidez une personne. Aidez quelqu'un à traverser la rue aujourd'hui. Aidez quelqu'un à retrouver son chemin à moins que vous n'ayez pas du tout le sens de l'orientation. Aidez quelqu'un qui essaie de vous aider. Aidez, tout simplement. Changez le monde. Montrez à quelqu'un que vous l'aimez. Dites oui au lieu de dire non. Dites quelque chose de gentil. Regardez quelqu'un dans les yeux. Prenez-le dans le vos bras. Embrassez-le. Déshabillez-vous.

Riez. Riez autant que vous le pourrez. Riez jusqu'à en pleurer. Pleurez jusqu'à en rire. Continuez même si les gens que vous croisez sur la rue vous regardent en disant : « Je ne sais pas si elle pleure ou si elle rie, mais de toute façon elle a l'air dérangé, alors pressons le pas. » Vivez vos émotions. Vous avez le droit. Cela démontre que vous êtes un être conscient qui a des pensées et des émotions.

Découvrez qui vous êtes et ce en quoi vous croyez. Même si ce n'est pas exactement la foi de vos voisins ni celle de vos parents. Soyez fidèle à vous-même. Ayez votre propre opinion. Ne vous en faites pas avec ce que les gens vont dire ou penser de vous. Laissez les grognons grognasser. Tôt ou tard ils se lasseront de leurs propres grognements.

Je ne veux pas avoir l'air de vous dire quoi faire ou comment vivre votre vie, mais ce sont là quelques-unes des choses qui m'ont bien servie. Je crois de tout mon cœur et de toute mon âme qu'il suffirait d'un tout petit effort pour rendre ce monde meilleur, plus sain et plus heureux. Et si l'effort n'était qu'un tout petit peu plus grand, le changement serait spectaculaire. Je sais qu'un monde où il existe déjà une couverture avec des manches ne semble pas pouvoir être amélioré, mais c'est faux.

Merci d'avoir acheté, téléchargé, emprunté, lu ou écouté ce livre, et merci de m'avoir accompagné dans cette aventure. Je ne vous en veux pas d'avoir laissé des taches de café sur toutes les pages ni d'avoir mis du sable dans la reliure ni de m'avoir presque oubliée dans l'autobus. Je suis heureuse que nous ayons eu la chance de passer quelque temps ensemble tous les deux et je nous prédis un bel avenir.

Oh, et vous avez quelque chose entre les dents. De l'autre côté. Voilà. C'est parti.


Fin.

ELLEN DEGENERES est humoriste, *stand-up comic*, actrice, auteure à succès et sage-femme. Après avoir été présentatrice de la soirée des Oscars et des Emmys, elle présente maintenant sa propre émission de télévision quotidienne, *The Ellen DeGeneres Show*. Elle vous présenterait à quelqu'un si elle vous connaissait mieux.

# Table des matières